KB111327

아직도
가야 할
길

그
길에서의
명상

그
길에서의
명상

M. 스캇 펙 지음 | 최미양·박윤정 옮김

율리시즈

《아직도 가야 할 길》에서 가장 자주 인용되는 문구는 아마 첫 문장인 '삶은 고해苦海다'일 것이다. 이 문장을 지적인 차원에서 해석해보면 '쉬운 해결책은 없다'는 의미쯤 된다.

《아직도 가야 할 길》과 《평화 만들기》에서 선별한 글들로 엮은 이 책에서도 역시 쉬운 해결책은 찾을 수 없을 것이다. 강의를 할 때 나는 종종 이런 짧은 인용문 한두 개만으로 한 시간 가량에 걸쳐 상세하게 설명한다. 그러고는 청중들에게 꼭 주의를 준다.

"제가 오늘 말하려는 것들에도 모두 예외가 있습니다."

독자 여러분도 이 인용문들을 즉각적이고 완전한 해결책으로 받아들이면 안 된다. 여기의 메시지와 통찰, 견해, 인식은 훨씬 복합적이어서 때로 당혹감을 안겨주기도 한다. 그만큼 더욱 깊은 성찰을 요구한다. 하지만 이 점만 주의하면, 이 책은 여러분과 친구, 가족의 삶에서 큰 가치를 지닐 것이다.

사실 이 책의 주요한 목적도 더욱 깊이, 다시 말해 여러분 스스로 생각하도록 용기를 북돋워주는 데 있다. 내 글은 훌륭한 편집자들의 막대한 도움과 신의 축복을 받았다. 하지만 그렇다고 해서 신의 말씀은 아니다. 그러므로 이 책의 발췌문들을 갖고 명상하는 동안 주저 없이 비판하고 의심해보시라.

실제로 나는 여러 발췌문들에서 명료한 사고의 필수조건으로 회의주의가 꼭 필요하다는 점을 강조했다. 한 예로,《평화 만들기》에서 통합적인 사고에 대해 이야기하면서 11월 27일의 명상문으로 다음의 글을 발췌해 실었다.

'통합성이 존재하는지 그렇지 않은지를 알아내고 싶으면 딱 한 가지만 질문해보면 된다. 무엇이 빠졌는가? 무언가 누락된 것이 있는가?'

이 책의 발췌문들을 읽을 때마다 이와 똑같은 질문을 던져보시기를 바란다.

발췌문들은 일일 명상문 형식으로 되어 있다. 이 글들의 출처인 두 책에서 나는 정신과의사로서 인간의 행동을 관찰하고, 다양한 그룹의 안내자 겸 구성원으로서 진정한 공동체를 구현하기 위해 힘썼던 경험과 영성을 향한 나 자신의 여정을 중요하게 그려놓았다. 여기에 뽑은 글들은 이런 맥락에 실렸던 것이다. 그러므로 이 발췌문을 만들어낸 특정 상황이나 사례를 완전히 무시하고 읽을 수는 없다. 따라서 이 글들을 처음의 의미 그대로 더욱 깊이 이해하고 싶은 독자들은 두 책을 안내서 겸 동반자로 활용할 수 있을 것이다. 하지만 이 발췌문들을 읽고 명상하는 사람들 모두 각자의 개인적인 삶과 경험 속에서 이 글들이 갖는 의미를 발견해냈으면 하는 것이 내 바람이자 목적이다.

자신과 삶을 모든 각도에서 성찰하다 보면 자연히 전체적이고 역설적인 방식으로 사고하게 된다. 당연히 이 책에도 많은 역설들이 들어 있다. 이런 역설에 당황해하기보다 편안하게 받아들이고 즐겼으면 좋겠다. 어느 유명한 철학 교수가 제자의 질문에 답했던 말이 떠오른다. "선생님은 모든 진리의 중심에 역설이 들어 있다고 생각하신다고 들었습니다. 그런 생각이 정말로 맞습니까?" 제자의 물음에 그 훌륭한 교수는 이렇게 대답했다. "글쎄, 그렇기도 하고, 아니기도 하고."

일정한 기간에 한 문구에 깊이 천착하는 것은 기도나 명상의 일반적인 형태다. 유대교와 기독교 전통에서는 보통 성경에서 발췌한 구절을 이용한다. 불교에서는 흔히 공안을 갖고 기도나 명상에 잠긴다. 하지만 시 전체든 시의 한 구절이든, 스치듯 얼핏 이해하는 것을 넘어서 더욱 깊이 집중해볼 만한 가치가 있는 것이면 무엇이든 명상이나 기도의 도구로 활용할 수 있다. 이 책도 그런 식으로 이용해주셨으면 좋겠다.

이 책의 문장들은 대충 훑어 읽어도 되는 것들이 아니다. 침묵과 고독 속에서 깊이 명상해보아야 할 것들이다. 이 발췌문들을 이용해 내면으로 더욱 깊이 들어가, 더욱 크게 성장하시기를 바란다. 이 글에 담긴 지혜 속으로, 여러분 자신 속으로, 역설 속으로 더욱 깊이 들어가시기를.

이런 작업을 그룹에서 어떻게 수행했는지 예를 들자면, 최근에 '공동체와 영성 그리고 수행'을 주제로 사흘간의 컨퍼런스를 주재한 적이 있다. 첫째 날이 끝날 무렵 대부분의 참가자들이 상당히 세련된 사람들이라는 사실을 분명하게 깨달았다. 이들은 심리학이나 신학, 교육학, 경영학 등의 학위를 소유하고(아니, 이 학위들에 사로잡혀) 있었다. 그래서 둘째 날 아침 오랜 경험에 비추어보건대 학력이 높은 사람들보다 그렇지 않은 사람들이 훨씬 쉽게 진정한 공동체를 이룬다고 말해주었다. 공동체를 이루려면, 직함이나 자격증, 객관성을 가장한 무심함을 스스로 '비워내야' 하기 때문이다.

공동체를 형성하는 일이 기도 같은 영적 수행과 같다는 것은 전에도 강조한 적이 있었기에 그들에게 이렇게 말했다.

"여러분이 갖고 있는 지식을 전부 버릴 필요는 없어요. 하지만 무언가 다른 것이 들어올 여지는 만들어놓아야 합니다."

나는 백 명도 넘는 사람들에게 십분 동안 말없이 간단한 문구 하나를 갖고 함께 명상에 잠겨보라고 했다. 그러고 나서 그들 앞에 있던 대형 카드의 가리개를 걷어 치웠다. 그 카드 위에는 또 다른 위대한 작가의 말이 크게 적혀 있었다.

'그대들은 뱀처럼 지혜롭고 비둘기처럼 순수해야 한다.'

부디 역동적이고 관조적인 이 책과 함께하시기를.

M. 스캇 펙

일러두기

이 책은 M. 스캇 펙 박사가 자신의 책《아직도 가야 할 길》과《평화 만들기》두 권에서 명상의 문구로 적합한 것들을 골라 편집해 출간한 것입니다. 1월 1일부터 8월 13일까지의 내용은《아직도 가야 할 길》에서, 이후 8월 14일부터 12월 31일까지는《평화 만들기》에서 발췌했음을 밝혀둡니다.

삶이 고해苦海라는 사실을 정말로 알게 되면,

우리가 진정으로 그 사실을 인정하고 받아들이게 되면,

삶은 더 이상 고해가 아니다. 그 사실을 받아들이게 되면

그게 더 이상 문제가 되지 않기 때문이다.

———

Once we truly know that life is difficult

— once we truly understand and accept it —

then life is no longer difficult.

Because once it is accepted, it no longer matters.

January 2

삶은 문제의 연속이다.
우리는 이 문제들을 해결하고 싶은 걸까
아니면 그저 불평하고 싶은 걸까?

———

Life is a series of problems.
Do we want to moan about them or solve them?

훈육 없이는 아무것도 해결할 수 없다.

부분적인 훈육으로는 일부 문제만 해결할 수 있다.

온전한 훈육이 있어야 모든 문제를 해결할 수 있다.

———

Without discipline we can solve nothing.

With only some discipline we can solve only some problem.

With total discipline we can solve all problems.

삶의 성패를 가르는 것이 문제들이다.

문제에 부딪치면 용기와 지혜가 필요해진다.

실로, 문제는 용기와 지혜를 창조한다.

———

Problems are the cutting edge that distinguishes
between success and failure.
Problems call forth our courage and our wisdom;
indeed, they create our courage and our wisdom.

현명한 사람들은 문제를 두려워하지 않는다.
사실 문제를 환영한다.
문제에 부딪치고 해결하는 전 과정이야말로
삶의 의미가 담겨 있기 때문이다.

———

Wise people learn not to dread but actually to welcome problems because it is in this whole process of meeting and solving problems that life has its meaning.

훈육은 괴로움을 견디게 해주는 테크닉이고,

문제가 주는 고통을 겪으면서

끝까지 성공적으로 문제를 해결할 수 있도록 하는 도구다.

그 과정 중에 우리는 배우고 성장한다.

우리가 스스로를 훈육한다는 것은

고통을 겪고 성장하는 방법을 스스로 가르친다는 의미다.

———

The tools of discipline are techniques by which
we experience the pain of problems in such a way
as to work them through and solve them successfully,
learning and growing in the process.
When we teach ourselves discipline, we are teaching
ourselves how to suffer and also how to grow.

고통을 먼저 맞이하고 겪은 후에 그것을 극복하면
삶의 기쁨은 더 커진다.

_You can enhance the pleasure of life by meeting and
experiencing the pain first and getting it over with._

부모가 아이에게 할애하는 시간의 질과 양이
아이에게는 자신이 부모에게 얼마나 소중한 존재인지를
가늠하는 척도가 된다.

---

*The time and the quality of the time that their
parents devote to them indicate to children the
degree to which they are valued by their parents.*

아이들이 자신이 소중히 여겨진다는 것을 알 때,
다시 말해 마음속 가장 깊은 곳에서
자신이 진정으로 소중하게 여겨지고 있음을 느낀다면,
아이들은 스스로 소중하다고 느낄 것이다.
이러한 인식은 어떤 황금보다도 귀한 것이다.

———

When children know that they are valued,
when they truly feel valued in the deepest parts of
themselves, then they feel valuable.
This knowledge is worth more than any gold.

가치 있는 존재라는 느낌은 자기 절제의 초석이다.

자신을 소중하게 여기면 시간을 잘 활용하는 등

자신을 돌보게 된다.

이와 같이, 자기 절제란 자신을 돌보는 것이다.

———

The feeling of being valuable is a cornerstone of
self-discipline because when you consider yourself
valuable you will take care of yourself — including
things like using your time well.
In this way, self-discipline is self-caring.

기꺼이 시간을 낼 마음만 있다면
어떤 문제든 해결할 수 있다.

You can solve any problem
if you are simply willing to take the time.

January 12

문제란 사라지지 않는다.

문제는 부딪쳐서 해결하지 않으면 그대로 남아

영혼의 성장과 발전에 영원히 장애가 된다.

———

Problems do not go away.

They must be worked through or else they remain,

forever a barrier to the growth and development of

the spirit.

삶의 문제를 해결하는 것 말고는 문제를 해결할 방법이 없다.

―――――

We cannot solve life's problems except by solving them.

문제를 해결하기 전, 우리는 먼저 문제에 대한 책임을 인정해야
한다. "그것은 내 문제가 아니야"라고 말하면서, 다른 사람이
우리를 대신해 해결해주기를 바라면서 문제를 해결할 수는 없다.
"이건 내 문제야. 그리고 그것을 해결하는 건 내게 달렸어."
그렇게 인정할 때에만 우리는 문제를 해결할 수 있다.

———

*We must accept responsibility for a problem before
we can solve it. We cannot solve a problem by saying
"It's not my problem," and hoping that someone else
will solve it for us. We can solve a problem only when
we say
"This is **my** problem and it's up to me to solve it."*

자유로운 사람이 되려면
자신에 대해 전적으로 책임을 져야 한다.
또한 동시에 진실로 자신의 책임이 아닌 것은
거절할 줄 아는 능력을 지녀야 한다.

———

To be free people we must assume total responsibility for ourselves, but in doing so we must possess the capacity to reject responsibility that is not truly ours.

책임져야 할 것과 그럴 필요가 없는 것을 분간하는 것은
실존에 있어 가장 큰 문제 중의 하나다.
이러한 과정을 제대로 이행하기 위해서는
지속적인 자기반성을 감내할 의지와 능력이 있어야 한다.

———

*The problem of distinguishing what we are and what
we are not responsible for is one of the greatest
problems of human existence. To perform this process
adequately we must possess the willingness and the
capacity to suffer continual self-examination.*

세상과 그 세상 안에서 우리의 위치를
현실적으로 바라볼 수 있는 능력을 얻으려면
많은 경험을 쌓고 오랜 시간 동안 제대로 성장해야만 한다.
그래야만 우리 자신과 세상에 대해 어떤 책임을 질 것인지
실질적으로 판단할 수 있다.

———

*It is only through a vast amount of experience and
a lengthy and successful maturation that we gain
the capacity to see the world and our place in it
realistically, and thus are enabled to realistically
assess our responsibility for ourselves and the world.*

January ·18

어떤 문제든 개인이 책임을 졌을 때에서야
비로소 해결될 수 있다.

No problem can be solved until an individual
assumes the responsibility for solving it.

자기 행동에 대한 책임을 회피하려고 하면서
우리는 우리 능력을 다른 사람이나 조직에 떠넘기고 있다.
이런 식으로, 수백만의 사람들이 매일
자유로부터의 도피를 시도한다.

———

*By attempting to avoid the responsibility for our
own behavior, we are giving away our power to some
other individual or organization.
In this way, millions daily attempt to escape from
freedom.*

어른으로서 우리의 선택은 거의 무한하다.

그러나 그것이 고통스럽지 않다는 의미는 아니다.

우리는 빈번히 두 가지 나쁜 것 중에서

덜 나쁜 것을 선택해야 하지만

여전히 선택할 수 있는 힘을 지니고 있다.

———

As adults, our choices are almost unlimited,
but that does not mean they are not painful.
Frequently our choices lie between the lesser of two
evils, but it is still within our power to make these
choices.

성인의 삶이란 온통 개인적 선택과 결정의 연속이다.
완전히 이것을 받아들일 수 있으면 자유로워진다.
이를 받아들이지 않는 한,
우리는 영원히 자신을 희생자라고 느낄 것이다.

———

The entirety of one's adult life is a series of personal choices, decisions. If we can accept this totally, then we become free people. To the extent that we do not accept this we will forever feel ourselves victims.

건강한 삶을 영위하고 영혼이 성장하려면 진실에 충실해야 한다.

진실은 현실이므로.

세상의 현실을 명확하게 바라볼수록

그 세상에 대처할 준비를 더 잘할 수 있다.

———

If our lives are to be healthy and our spirits are to grow, we must be dedicated to the truth. For truth is reality. And the more clearly we see the reality of the world, the better equipped we are to deal with the world.

현실에 대한 우리의 견해는
삶의 영역을 통과하는 데 필요한 지도와 같다.
지도가 잘못돼 있고 부정확하면
우리는 대부분 길을 잃고 말 것이다.
지도가 올바르고 정확하면, 지금 어디에 있는지도
또한 가고자 하는 곳이 정해졌을 때
거기에 어떻게 가야 하는지도 알게 될 것이다.

_____

*Our view of reality is like a map with which to
negotiate the terrain of life. If the map is false and
inaccurate, we generally will be lost. If the map is
true and accurate, we will generally know where we
are, and if we have decided where we want to go,
we will generally know how to get there.*

상대적으로 운이 좋은 몇 사람만이
죽는 순간까지 삶의 비밀을 탐구하고, 자신의 지도를 개정하고
계속해서 세상과 진리에 대한 이해의 폭을 넓히고 수정하며
다시 정의를 내린다.

Only a relative and fortunate few continue until the
moment of death exploring the mystery of reality,
revising their maps of it, ever enlarging and refining
and redefining their understanding of the world and
what is true.

현실에 대한 내면의 지도를 만드는 데 있어 가장 큰 문제는,
우리가 무無에서 시작한다는 사실이 아니라
정확한 지도를 위해 계속해서 지도를 고쳐야 한다는 사실이다.

_The biggest problem of making internal maps of
reality is not that we have to start from scratch,
but that if our maps are to be accurate we have to
continually revise them._

우리는 진실에 전적으로 충실해야 한다.

진실이 우리의 편안함보다는

이익을 위해 더 중요하고 절대적인 것이 되도록.

―――――

We must always hold truth, as best we can

determine it, to be more important,

more vital to our self-interest, than our comfort.

전적으로 진실에 헌신하는 삶이란 어떤 것일까?
무엇보다도 그것은 지속적으로 쉼 없이
철저하게 자신을 성찰하는 삶을 의미한다.

---

*What does a life of total dedication to the truth
mean? It means a life of continuous and
never-ending stringent self-examination.*

현명하게 산다는 것은

생각과 행동이 일치하는 삶을 사는 것이다.

———

The life of wisdom must be a life of contemplation
combined with action.

세상을 알기 위해서는
세상을 살펴봐야 할 뿐 아니라
동시에 세상을 살피는 자도 살펴보아야 한다.

―――

*To know the world, we must not only examine it
but we must simultaneously examine the examiner.*

January 30

다행히도 우리는 세상에 존재하는 위험의 근원이

우리 안에 있지 밖에 있는 것이 아니며,

살아가는 데 가장 중요한 것은

부단한 자기 성찰과 사색의 과정이라는 것을 이해하기 시작했다.

Fortunately, we are beginning to realize that
the sources of danger to the world lie more within
us than outside, and that the process of constant
self-examination and contemplation is essential for
ultimate survival.

세상을 외적으로 성찰하는 것은
내적 성찰에 비하면 분명 덜 고통스럽다.

Examination of the world without is never as person-
ally painful as examination of the world within.

진실에 전적으로 헌신하는 삶이란
개인적으로 받게 되는 도전을 기꺼이 받아들이는 삶을 의미한다.
현실의 지도에 닥친 도전을 받아들이고 심지어 반기게 되면,
우리의 지혜와 성취는 훌쩍 자라게 된다.

———

A life of total dedication to the truth also means
a life of willingness to be personally challenged.
Accepting and even welcoming challenges to our
maps of reality allow us to grow in wisdom and
effectiveness.

아마도 우리를 가장 인간적으로 만드는 특징이라 한다면
우리 자신의 본능을 초월하려는,
그리하여 그 본능을 개선하려고 하는 반자연적인 성향일 것이다.

———

Perhaps the characteristic that makes us most
human is our capacity to do the unnatural,
to transcend and hence transform our own nature.

정수기 앞에서, 회합에서, 골프장에서, 저녁 식탁에 앉아서,

불 끄고 침대에 누워서 그렇듯이

일상적으로 우리가 다른 사람과 주고받는 상호작용은

우리가 매일 매일 누리는 기회다.

우리를 성장과 행복으로 이끄는 개방적인 태도를 지닐

모험을 할 수 있는 기회인 것이다.

———

Our ordinary interactions — at the water cooler,

in conference, on the golf course, at the dinner table,

in bed when the lights are out— offer us daily

opportunities to risk the openness that leads to

growth and happiness.

도전에 개방적인 태도를 갖는 것이
생활 속에서 자연스럽게 우러나올 때
비로소 정신 치료는 완전해진다.

———

The healing of the spirit has not been completed
until openness to challenge becomes a way of life.

사람들이 거짓말을 하는 이유는
도전과 그에 따르는 고통을 피하고 싶기 때문이다.

The reason people lie is to avoid the pain of
challenge and its consequences.

진실을 숨기는 행위는 언제나 거짓말과 같을 수 있다.

———

The act of withholding the truth is always potentially a lie.

정직과 진실에 헌신하는 어려운 삶을 택한 사람들은
지속적인 성장과 사람들과의 효율적이고 친근한 관계와
세상을 계몽하고 정화하는 데 봉사한다는 인식을
그 보상으로 받는다.

_____

*The rewards of the difficult life of honesty and
dedication to the truth are continual growth,
effective intimate relationships, and the knowledge
that one has served as a source of illumination and
clarification to the world.*

진실에 헌신하는 사람들은
그들의 개방성 덕분에 개방된 삶을 살고,
개방적으로 사는 용기를 발휘함으로써
두려움에서 자유로워진다.

_____

*By their openness, people dedicated to the truth live
in the open, and through the exercise of their courage
to live in the open, they become free from fear.*

용감한 사람들은 계속해서 철저히 정직하려고 애쓰는 한편
필요할 때는 진실을 모두 밝히지 않는 능력도 가져야만 한다.

———

*Courageous people must continually push themselves
to be completely honest, yet must also possess
the capacity to withhold the whole truth when
appropriate.*

정돈이 잘 되고 효율적인, 현명한 삶을 위해서는
그날그날의 즐거움을 뒤로 미루고 미래를 내다볼 줄
알아야 한다.
하지만 기쁘게 살려면 파괴적이지 않은 한도 내에서
현재에 살고 즉흥적으로 행동할 수도 있어야 한다.

———

To be organized and efficient, to live wisely, we must
daily delay gratification and keep an eye on the
future; yet to live joyously we must also possess the
capacity, when it is not destructive, to live in the
present and act spontaneously.

무언가를 포기하는 것은 고통스럽다.

삶의 여러 가지 구부러진 길과 모퉁이와 타협할 때는

계속 자신의 일부를 포기해야만 한다.

이러한 포기 대신 유일한 선택이 있다면

그것은 인생이라는 여행을 아예 그만두는 일이다.

The act of giving something up is painful.

But as we negotiate the curves and corners of our

lives, we must continually give up parts of ourselves.

The only alternative is not to travel at all on the

journey of life.

복잡한 세계에서 성공적으로 살아가려면
분노를 표현할 줄 아는 능력뿐만 아니라
표출하지 않을 수 있는 능력도 소유해야 한다.

To function successfully in our complex world
it is necessary for us to possess the capacity not only
to express our anger but also not to express it.

우리는 상황에 따라 각각 다르게 화를 처리하는 법을
알아야 하고, 화를 표출할 때는 가장 적당한 때와 방식을
사용할 줄 알아야 한다.

_____

*We not only need to know how to deal with our
anger in different ways at different times
but also how most appropriately to match the right
time with the right style of expression.*

인생의 여정에서 '중년의 위기'와 같은 전환기가
문제투성이에 고통스러워지는 이유는,
그것을 성공적으로 넘기 위해선 예전에 소중히 여기던 생각과
이제껏 써온 방법과 사물을 보아본 방식 들을
포기해야 하기 때문이다.

———

What makes transition periods like the
"mid-life crisis" problematic and painful is that in
successfully working our way through them we must
give up cherished notions and old ways of doing and
looking at things.

옛날 방식 그대로의 생각과 행동에 매달리면, 때에 따라 영원히
어떠한 위기도 극복해내지 못하고, 참으로 성장하지도 못하며,
더 큰 성숙으로 이어지는 전환에 동반되는 부활의 기쁨도
체험하지 못한다.

_____

When we cling, often forever, to our old patterns of
thinking and behaving, we fail to negotiate any crisis,
to truly grow up, and to experience the joyful sense
of rebirth that accompanies the successful transition
into greater maturity.

자신을 포기함으로써, 인간이라는 존재는 가장 황홀하고,
영구적이고, 확고하며 무한한 인생의 기쁨을 발견할 수 있다.

———

*It is in the giving up of self that human beings can
find the most ecstatic and lasting, solid, durable joy
of life.*

삶에 모든 의미를 부여하는 것이 바로 죽음이다.

It is death that provides life with all its meaning.

삶의 여정이 더 길수록 더 많은 탄생을 체험할 것이고
따라서 더 많은 죽음을 체험할 것이다.
더 많은 기쁨과 더 많은 고통도 체험할 것이다.
하지만 모든 것을 포기함으로써 보다 많이 얻는다.

———

The farther one travels on the journey of life,
the more births one will experience, and therefore the
more deaths — the more joy and the more pain.
But for all that is given up even more is gained.

고통을 완전히 받아들이면
더 이상 고통은 고통이 아니게 된다.

———

Once suffering is completely accepted,
it cease in a sense to be suffering.

끊임없는 훈육은 달인의 경지에 이르게 한다.

The unceasing practice of discipline leads to mastery.

영적으로 성숙한 사람은 남을 무한히 사랑할 수 있는 사람이며,
그러한 사랑은 그 자신에게 무한한 기쁨을 되돌려준다.

*The spiritually evolved individual is an extraordinary
loving individual, and with his or her extraordinary
love comes extraordinary joy.*

정신적으로 성숙한 사람은 엄격한 훈육, 훈련, 사랑을 통해
위대한 능력을 갖춘 사람이다.
세상은 그들을 보통 사람으로 보겠지만 종종 그들은
조용히, 혹은 심지어 보이지 않게 그 힘을 행사하고 있다.

––––––

Spiritually evolved people, by virtue of their discipline, mastery and love, are people of great power, although the world may generally behold them as quite ordinary people, since more often than not they will exercise their power in quiet or even hidden ways.

그 사람의 위대함을 판단하는 척도(아마도 최고의 척도)는

고통을 감수하는 능력이다.

그런데 위대한 사람들은 또한 항상 기쁨에 넘친다.

이것은 그러므로 모순이다.

———

One measure — and perhaps the best measure — of
a person's greatness is the capacity for suffering.
Yet the great are also joyful.
This, then, is the paradox.

최고의 의사결정자란, 자기 결정에 따르는
최대한의 고통을 기꺼이 감수할 용의도 있으면서
여전히 결정을 내릴 수 있는 능력을 지닌 사람이다.

_The best decision-makers are those who are willing
to suffer the most over their decisions but still
retain their ability to be decisive._

부처와 그리스도는 다른 사람들이 아니다.

그리스도가 십자가 위에서 받아들였던 고통과

부처가 보리수 아래서 해탈한 기쁨은 하나다.

———

Buddha and Christ were not all that different.

The suffering of Christ letting to on the cross and

the joy of Buddha letting go under the bo tree are

one.

그대의 목표가 고통을 피하고 괴로움에서 도망치는 것이라면,
나는 그대에게 높은 수준의 의식이나
영적 성장을 추구하라는 조언은 하지 않으련다.

――――

If your goal is to avoid pain and escape suffering,
I would not advise you to seek higher levels of
consciousness or spiritual evolution.

February 27

정체성을 포기할 수 있으려면 그 전에,
당신 자신을 위해 먼저 그것을 만들어놓아야 한다.

You must forge for yourself an identity before you can give it up.

훈육은 인간의 영적 발달을 위한 수단이다.
그런데 무엇이 훈육에 관심을 갖게 하며
또한 훈육을 위한 원동력을 주는 걸까?
이러한 힘을 나는 사랑이라고 믿는다.

———

Discipline is the means of human spiritual evolution.
But what provides the motive, the energy for
discipline? This force I believe to be love.

나는 사랑을 이렇게 정의한다.

'자기 자신이나 타인의 영적 성장을 도울 목적으로

자신을 확대시켜 나가려는 의지'라고.

─────

I define love thus:

The will to extend one's self for the purpose of

nurturing one's own or another's spiritual growth.

사랑의 행위가 타인의 성장을 목적으로 할 때도,
그것은 자신을 진화시켜 나가는 과정이라고 할 수 있다.

_____

The act of loving is an act of self-evolution
even when the purpose of the act is someone else's
growth.

자신을 사랑하지 못하면 남을 사랑할 수도 없다.

We are incapable of loving another unless we love ourselves.

우리는 자기 훈육을 그만둘 수 없다.

동시에 다른 이를 돌보는 데 있어서의 훈육도 게을리 할 수 없다.

———

We cannot forsake self-discipline and
at the same time be disciplined in our care for
another.

자신의 힘을 키우지 않으면
다른 사람에게 힘의 원천이 돼줄 수 없다.

We cannot be a source of strength
unless we nurture our own strength.

자신을 사랑하고 남을 사랑하는 것은
서로 관련돼 있을 뿐만 아니라
궁극적으로 그 둘은 구별할 수 없다.

———

Not only do self-love and love of others go hand in
hand but ultimately they are indistinguishable.

한계를 뛰어넘어야만 자신을 확장할 수 있다.

———

One extends one's limits only by exceeding them.

사랑은 노력 없이는 안 된다.
사랑은 상대를 위해 (또는 자신을 위해)
한 발자국 더 내딛거나 1마일을 더 걷는 것을 통해서만
입증 가능하거나 기정사실화되는 것이다.

———

Love is not effortless.
It becomes demonstrable or real only through the
fact that for that someone (or for ourself)
we take an extra step or walk an extra mile.

사랑은 의지의 행위다. 즉, 의도와 행동이 결합된 결과다.
사랑은 행위로 표현될 때 사랑이다.

———

Love is an act of will — namely, both an intention and an action. Love is as love does.

사랑에 대한 모든 오해 중에서
가장 강력하고 가장 널리 퍼져 있는 것은,
'사랑에 빠지는 것'이 사랑이라는 믿음이다.
그러나 그것은 우리를 참사랑이 시작될 수도 있는 책임으로
이끌고, 일생 동안 사랑한 후에야 맛볼 수 있는
보다 지속적이고 신비한 황홀감을 미리 맛보게 한다.

———

*Of all the misconceptions about love the most power-
ful and pervasive is the belief that "falling in love" is
love. But it does lead us to make commitments from
which real love may begin and gives us a foretaste of
the more lasting mystical ecstasy that can be ours
after a lifetime of love.*

참사랑은 때로 사랑한다는 느낌이 없는 관계에서,
사실 사랑하지 않음에도 불구하고
사랑스럽게 행동할 때 일어나기도 한다.

———

Real love often occurs in a context in which the feeling of love is lacking, when we act lovingly despite the fact that we don't feel loving.

우리는 사랑에 빠지는 경험 자체를 피할 수는 없지만,

사랑에 빠질 때 어떤 태도를 취할 것인지는 선택할 수 있다.

We can choose how to respond to the experience of
falling in love, but we cannot choose the experience
itself.

참사랑은 영원히 자신을 확대하는 경험이다.
그러나 사랑에 빠지는 것은 그렇지 않다.

———

Real love is a permanently self-enlarging experience.
Falling in love is not.

자신과 상대방이 개성을 지닌 별개의 개체임을
진실로 인정하는 것, 이런 기반 위에서만이
성숙한 결혼 생활이 가능하고 참사랑도 자랄 수 있다.

———

True acceptance of their own and each other's indi-
viduality and separateness is the only foundation
upon which a mature marriage can be based and
real love can grow.

성자로 가는 길은 성년기를 통해서 지나간다.
짧고 쉬운 지름길이란 없다.

―――――

The path to sainthood goes through adulthood.
There are no quick and easy shortcuts.

자아를 잃어버리기 전에 먼저 자아를 발견해야 한다.

———

One must find one's self before one can lose it.

지속적인 깨달음이나 진정한 영적 성장은
오로지 참사랑을 부단히 실천함으로써 성취할 수 있다.

———

*Lasting enlightenment or true spiritual growth can
be achieved only through the persistent exercise of
real love.*

사랑이란 자유로운 선택의 실천이다.

서로가 없어도 분명 잘살 수 있지만 함께 살기로 **선택**할 때만이

서로 사랑한다고 할 수 있는 것이다.

———

Love is the free exercise of choice.
Two people love each other only when
they are quite capable of living without each other
*but **choose** to live with each other.*

확실히 사랑받을 수 있는 유일한 길은
사랑할 만한 가치가 있는 사람이 되는 것이다.

———

*The only way to be assured of being loved is
to be a person worthy of love.*

사랑의 유일한 진짜 목적은 영적 성장이나 인간의 발전이다.

———

The only true end of love is spiritual growth or human evolution.

성자 역시 잠을 자야 하고
선지자조차 놀아야 한다.

———

Saints also must sleep and even prophets must play.

사랑은 단순히 거저 주는 것이 아니다.
사랑은 분별 있게 주고,
마찬가지로 분별 있게 주지 않는 것이다.

———

Love is not simply giving;
*it is **judicious** giving and*
judicious withholding as well.

스스로 돌볼 능력이 있는 사람을 돌보는 것보다는
독립심을 길러주는 것이 더 사랑이다.

_Fostering independence is more loving than taking
care of people who could otherwise take care of
themselves._

사랑의 역설은
그것이 이기적이면서 동시에 이기적이지 않다는 것이다.

———

The paradox of love is that it is
both selfish and unselfish at the same time.

진정한 사랑은 책임과 지혜로운 행동을 내포한다.

Genuine love implies commitment and the exercise of wisdom.

부부는 조만간 사랑에서 빠져나온다.

그리고 짝을 찾으려는 본능이 사라지는 그 순간에

비로소 진정한 사랑을 시작할 수 있는 기회가 온다.

Couples sooner or later always fall out of love,
and it is at the moment when the mating instinct
has run its course that the opportunity for genuine
love begins.

참으로 사랑하는 사람은

사랑하려는 마음을 지녔기 때문에 그럴 수 있다.

이러한 사람은, 사랑의 느낌이 없어도

사랑하겠다고 결심할 수 있다.

—————

The person who truly loves does so because of
a decision to love.
This person has made a commitment to be loving
whether or not the loving feeling is present.

사랑의 증거를 느낌에서 찾기란

쉬우며 절대 기분 나쁜 일이 아니다.

그 증거를 행동에서 찾는 것이 힘들고 고통스러울지 모른다.

———

It is easy and not at all unpleasant to find

evidence of love in one's feelings.

It may be difficult and painful to search for

evidence of love in one's actions.

노력이나 용기가 없는 행동이라면,
그것은 사랑의 행동이 아니다.

———

If an act is not one of work or courage,
then it is not an act of love.

단연코 우리가 사랑하는 이들에게 줄 수 있는
관심의 가장 중요한 방식은 경청이다.

By far the most important form of attention
we can give our loved ones is listening.

진심으로 듣는 것은

사랑을 행동으로 실천하는 것이다.

———

True listening is love in action.

사람들은 변화에 대한 두려움을 제각기 다른 방식으로 다루지만,
실제로 변하려 들면 두려움은 불가피하다.

People handle their fear of change in different ways,
but the fear is inescapable if we are in fact to
change.

용기란 두려움의 부재가 아니다.
그것은 두려움에도 불구하고 행동하는 것이다.

Courage is not the absence of fear;
it is the making of action in spite of fear.

어떤 단계의 영적 성장이든,

그리하여 사랑에는 항상 용기가 필요하며 모험이 따른다.

———

On some level spiritual growth, and therefore love,

always requires courage and involves risk.

고통을 감내하려 하지 않는다면, 많은 것들 없이 살아야 한다.
즉, 아이를 갖는 것, 결혼, 섹스의 황홀감, 야망, 우정 등
삶을 활력 넘치게 만들고 의미심장하게 하며 소중하게 만드는
그 모든 것들 없이 말이다.

———

If you are determined not to risk pain,
then you must do without many things:
having children, getting married, the ecstasy of sex,
the hope of ambition, friendship— all that makes
life alive, meaningful and significant.

어떤 차원으로든 성장하면,

기쁨과 더불어 고통이라는 보상을 얻을 것이다.

당신이 선택할 수 있는 유일한 길은

삶을 충만하게 살지 않든가 혹은 삶을 포기하든가

둘 중 하나일 뿐이다.

———

Grow in any dimension and pain as well as joy will be your reward. The only alternative is not to live fully or not to live at all.

죽음이란 언제나 곁에 있는 동반자임을 알고 산다면,
죽음은 '동지'가 될 수 있다.
여전히 두렵지만 줄곧 지혜로운 조언의 원천이 되어주는.

———

*If we can live with the knowledge that death is our
constant companion, then death can become our
"ally," still fearsome but continually a source of wise
counsel.*

죽음이라는, 항상 변화하는 삶의 본질을 피하면,
우리는 어쩔 수 없이 삶도 피해버리게 된다.

———

When we shy away from death, the ever-changing
nature of things, we inevitable shy away from life.

모든 삶은 그 자체가 모험을 의미한다.
그리고 삶을 사랑할수록 모험도 더 많아진다.

All life itself represents a risk,
and the more lovingly we live our lives
the more risks we take.

일생 동안 겪는 수천, 수백만에 이를 모험 중에서
가장 위대한 것은 성장을 위한 모험이다.

*Of the thousands, maybe even millions, of risks we
can take in a lifetime the greatest is the risk
of growing up.*

성장이란 미지의 것, 결정되지 않은 것, 불안하고, 불확실하고,
성역화되지 않고, 예상할 수 없는 세계로
두려운 발걸음을 내딛는 것이다. 그것은 많은 사람들이
평생 동안 절대로 실행해보지 못하는 도약이다.

———

*Growing up is the act of taking a fearful leap into
the unknown, undetermined, unsafe, insecure,
unsanctified, and unpredictable. It is a leap that
many people never really take in their lifetimes.*

인생에 있어서 유일하고 진정한 안전이란
삶의 불안을 맛보는 데 있다.

———

The only real security in life lies in relishing life's
insecurity.

자유로이 영적 성장을 향해 더 숭고한 길을 따라 전진하여
가장 위대한 차원에서 사랑을 보여줄 수 있는 것은
오직 온전한 자아와 심리적 독립과 고유한 개성이라는
미지의 세계로 도약할 때뿐이다.

_It is only when one has taken the leap into the
unknown of total selfhood, psychological indepen-
dence and unique individuality that one is free to
proceed along still higher paths of spiritual growth
and free to manifest love in its greatest dimensions._

책임감은 모든 진정한 사랑의 관계에 초석이고 기반이다.

April

Commitment is the foundation, the bedrock of any
genuinely loving relationship.

책임감이 강하다 해서
꼭 성공적인 관계를 이룰 수 있는 건 아니지만
사랑을 확실히 하는 데에는
어떤 다른 요인보다 도움이 된다.

_____

Deep commitment does not guarantee the success of
the relationship but does help more than any other
factor to assure it.

사랑에 빠진 상태에서 진정한 사랑으로의 전환을
가능하게 만드는 것은 결혼식 후에 갖는 책임감이다.
그리고 우리를 생물학적인 부모에서 심리학적인 부모로
전환시킨 것은 아내의 임신 후 생겨난 책임감이다.

_It is our sense of commitment after the wedding
which makes possible the transition from falling in
love to genuine love. And it is our commitment after
conception which transforms us from biological into
psychological parents._

다른 사람을 진심으로 이해한다는 것은
당신 자신 안에 그를 위한 공간을 만들지 않고는 불가능하다.

———

It is impossible to truly understand another
without making room for that person within yourself.

아이들의 요구에 응답해주기 위해
우리는 자신을 변화시켜야 한다.
그런 변화에 따른 고통을 달갑게 받아들이려 해야만
아이들이 필요로 하는 부모가 될 수 있다.

———

To respond to our children's needs we must change ourselves. Only when we are willing to undergo the suffering of such changing can we become the parents our children need us to be.

아이들에게서 배우는 것은 대개의 사람들이
스스로에게 의미 있는 노년을 보장해주는
최고의 기회다.

———

Learning from their children is the best opportunity
most people have to assure themselves of a meaning-
ful old age.

사랑에 있어 가장 중요한 모험은,
힘을 행사하는 위험을 겸손한 자세로 감수하는 것이다.

Possibly the greatest risk of love is
the risk of exercising power with humility.

진정한 사랑은

상대방의 독특한 개성과 독립된 정체성을 인정하고 존중한다.

———

Genuine love recognizes and respects
the unique individuality and separate identity
of the other person.

남편과 아내가 서로에게 최고의 비판자가 되지 않으면
어떤 결혼도 참으로 성공했다고 할 수 없다.

No marriage can be judged truly successful
unless husband and wife are each other's best critics.

서로간의 애정 어린 대립은

성공적이고 의미 있는 인간관계에 있어서 매우 중요한 부분이다.

그렇지 않다면 그 관계는 허망하거나 피상적이다.

Mutual loving confrontation is a significant part of
all successful and meaningful human relationships.
Without it the relationship is either unsuccessful or
shallow.

말을 알아듣게 하고 싶으면,

듣는 사람이 이해할 수 있는 언어로 말하고

듣는 사람이 실행 가능한 수준에서 말해야 한다.

———

*If we want to be heard we must speak in a language
the listener can understand and on a level at which
the listener is capable of operating.*

오로지 사랑의 겸허함을 통해
인간은 감히 하느님이 될 수 있다.

_Only out of the humility of love can humans dare to
be God._

자기 훈육은 대개 사랑을 행동으로 표현한 것이다.

———

Self-discipline is usually love translated into action.

인간의 감정은 에너지의 원천이다.
감정은 일상의 업무를 수행할 수 있게 만들어주는
마력을 제공한다.

———

Our feelings are the source of our energy;
they provide the horsepower that makes it possible
for us to accomplish the tasks of living.

감정은 우리를 위해서 작용하므로
우리는 감정을 정중히 다루어야 한다.

Since our feelings work for us,
we should treat them with respect.

진정한 사랑은 자아의 확장을 포함하기 때문에
막대한 양의 에너지가 요구된다.
그러므로 좋든 싫든,
우리는 다만 모든 사람을 사랑할 수 없는 것이다.

———

Because genuine love involves an extension of oneself,
vast amounts of energy are required.
So, like it or not, we simply cannot love everyone.

진정한 사랑은 고귀하다.

그러므로 진정한 사랑을 할 수 있는 사람들은

자기 훈육을 바탕으로 가능한 한 생산적인 방향으로

사랑에 집중해야 함을 안다.

———

Genuine love is precious,

and those who are capable of genuine love know that

their loving must be focused as productively as

possible through self-discipline.

배우자와 아이들과 진정한 사랑의 관계를 이루었다고 말할 수
있다면, 당신은 이미 대개의 사람들이 평생 동안 성취한 것보다
더 많은 것을 성취하는 데 성공한 것이다.

_If you can say that you have built genuinely loving
relationships with a spouse and children, then you
have already succeeded in accomplishing more than
most people accomplish in a lifetime._

자유와 훈육은 사실 사랑의 보조자들이다.

진정한 사랑이라는 훈육이 없으면,

자유란 예외 없이 사랑이 아니며 파괴적이 된다.

Freedom and discipline are indeed handmaidens;

without the discipline of genuine love,

freedom is invariably nonloving and destructive.

진정한 사랑은 자신을 다시 채우는 것이다.
다른 사람의 영적 성장을 도우면 도울수록
나 자신의 영적 성장도 더욱더 촉진된다.

———

Genuine love is self-replenishing.
The more you nurture the spiritual growth of others,
the more your own spiritual growth is nurtured.

내가 사랑을 통해 성장함에 따라 기쁨도 커진다.
더 뚜렷하게, 더 변함없이.

———

As I grow through love, so grows my joy,
ever more present, ever more constant.

진정한 사랑을 하는 사람은
사랑하는 이의 독립성과 독특한 개성을 늘 존중하고
심지어는 격려한다.

_____

The genuine lover always respects
and even encourages separateness
and the unique individuality of the beloved.

결혼은 상호간의 막중한 배려,

시간과 에너지를 필요로 하는 진정한 공동 협조 체제다.

그러나 영적 성장의 정상을 향한 여정에 들어선 서로에게

힘이 되기 위함이라는 중요한 목적 때문에 존재한다.

———

Marriage is a truly cooperative institution,
requiring great mutual contributions of care, time
and energy, but existing for the primary purpose
of nurturing each of the participants for individual
journeys toward his or her own individual peaks of
spiritual growth.

남성과 여성 모두 결혼으로 이룬 가정을 돌봐야 하고
둘 다 각자의 생에 도전해 나가야 한다.

_Male and female both must tend the hearth [of a
marriage] and both must venture forth._

부부간의 결합을 풍요롭게 하는 것은 서로의 독립성이다.

It is the separateness of the partners that enriches the union.

진정한 사랑은 상대방의 개별성을 존중할 뿐만 아니라,
실제로 분리 혹은 상실의 위험에 직면하면서까지
독립성을 길러주려고 애쓴다.

———

Genuine love not only respects the individuality of
the other but actually seeks to cultivate it,
even at the risk of separation or loss.

성공적인 결혼이나 성공적인 사회의 지지 없이는
이 중요한 여행을 해낼 수 없다.

Signigicant journeys cannot be accomplished
without the nurture provided by
a successful marriage or a successful society.

혼자서 여행한 끝에 다다른 정상에서
자기를 도운 결혼 혹은 사회로 귀환하는 것은
다시 그 결혼과 사회를 새로운 단계로 올리는 데 이바지한다.

———

*It is the return of the individual to the nurturing
marriage or society from the peaks he or she has
traveled alone which serves to elevate that marriage
or that society to new heights.*

우리 서구인들은 사랑에 관한 주제에 대해서는 쑥스러워하지만,
힌두교의 지도자들은 사랑이 그들의 힘의 원천이라는 사실에
거침이 없다.

While we in the West seem to be embarrassed by the
subject of love, Hindu gurus make no bones about
the fact that their love is the source of their power.

진정으로 사랑하는 관계는
어떤 관계든 서로 심리 치료적이다.

Any genuinely loving relationship is one of mutual psychotherapy.

모든 인간의 상호 작용은
배우거나 가르칠 수 있는 기회들이다.

_____

*All human interactions are opportunities either to
learn or to teach.*

사랑하는 사람이 처음으로 내 눈 앞에 알몸을 보였을 때,
전신을 관통한 느낌, 그것은 경외였다. 왜 그랬을까?
만약 성이 본능 이상의 그 무엇도 아니라면
왜 나는 흥분한다거나 욕망의 굶주림만을 느끼지 않았을까?
단순한 욕망의 굶주림만으로도 인류의 번식은 충분히
보장되고도 남았을 것이다. 그런데 왜 경외감이 들었을까?
성이 왜 존경의 느낌과 복잡하게 얽혀 있단 말인가?

———

*When my beloved first stands before me naked, all
open to my sight, there is a feeling throughout the
whole of me; awe.
Why? If sex is no more than an instinct,
why don't I simply feel horny or hungry?
Such simple hunger would be quite sufficient to
insure the propagation of the species. Why awe?
Why should sex be complicated by reverence?*

훈육, 사랑, 삶의 경험을 통해 성장하게 되면,
세계와 그 안에서의 자기 위치에 대한 이해도
당연히 빠르게 성장한다.
이것을 이해하는 것이 우리의 종교다.

_____

As we grow in discipline, love and life experience,
our understanding of the world and our place in it
naturally grows apace.
This understanding is our religion.

우리는 실재의 본질에 관하여 주변 사람들이 믿는 것을 믿고,
그들이 얘기해준 것을 진리라고 받아들이는 경향이 있다.

———

We tend to believe what the people around us believe
and to accept as truth what they tell us of the
nature of reality.

우리의 세계관을 결정짓는 것은
부모의 말이라기보다 오히려
부모의 행동이 만들어내는 특정한 세계다.

———

It is not so much what our parents say that determines our world view as it is the unique world they create for us by their behavior.

성스러움으로 가는 길은
모든 것을 회의하는 것에서 시작된다.

The path to holiness lies through questioning
everything.

우리가 지닌 가능성의 최대치를 끌어내기 위해서,
우리의 종교(혹은 세계관)는 현실이라는 가혹한 시련 속에서
전적으로 불처럼 타오르는 회의와 의문을 통해 형성되는
온전히 개인적인 것이어야 한다.

———

To be the best of which we are capable,
our religion [or world view] must be a wholly
personal one, forged entirely through the fire of our
questioning and doubting in the crucible of our own
experience of reality.

실제로 경험하지 않는 한 우리는 안다고 할 수 없다.

———

We cannot consider ourselves to know something
unless we have actually experienced it.

영적인 성장을 위해서는

우리 문화의 통념과 추정에 회의적인

과학자가 되어보는 것이 필수적이다.

그러나 과학의 개념 자체는 종종 문화적 우상이 되므로,

우리는 이들에 대해서도 마찬가지로 회의적이 될 필요가 있다.

———

It is essential to our spiritual growth for us to become

scientists who are skeptical of the common notions

and assumptions of our culture.

But the notions of science themselves often become

cultural idols, and it is necessary that we become

skeptical of these as well.

사실 우리는 하느님에 대한 믿음에서 벗어나 성숙할 수 있다.
내가 지금 말하고 싶은 것은
성숙하여 하느님에 대한 믿음 안으로 들어가는 것
또한 가능하다는 것이다.

———

*It is indeed possible for us to mature out of a belief
in God. What I would now like to suggest is that
it is also possible to mature into a belief in God.*

회의하기 이전의 하느님은
회의를 거친 후의 하느님과 전혀 다르다.

The God that comes before skepticism may bear
little resemblance to the God that comes after.

"인간은 죽을 운명과 영생의 운명을 동시에 갖고 있다"
"빛은 하나의 파동이고 동시에 하나의 입자다"
이렇게 말할 수 있을 때 과학과 종교는 같은 언어,
곧 역설의 언어를 쓰기 시작했다.

———

When we are able to say that "a human is both mortal and eternal at the same time" and "light is both a wave and a particle at the same time," science and religion have begun to speak the same language, that of paradox.

우리는 불타는 숲, 갈라지는 바다,
하늘에서 들리는 우렁찬 소리 등을 기대해왔다.
그 대신 우리는 일상에서 일어나는 매일의 사건들을
기적의 증거로 들여다보아야 한다.

———

We have been looking for the burning bush,
the parting of the sea, the bellowing voice from
heaven. Instead we should be looking at the ordinary
day-to-day events in our lives for evidence of the
miraculous.

터널 속에서 보는 식의 과학적 태도가
현실을 왜곡시켜선 안 되는 것처럼,
회의를 위한 우리의 비판 능력과 역량도
영적 영역의 눈부신 아름다움에 눈멀어서는 안 된다.

———

*Just as it is essential that our sight not be crippled
by a scientific tunnel vision, so also is it essential that
our critical faculties and capacity for skepticism
not be blinded by the brilliant beauty of the spiritual
realm.*

최악의 환경에 처했을 때에도 대다수 사람들의

정신적, 육체적 건강을 일상적으로 지키고 길러주는 것 같은 힘,

우리가 완전히 이해하지 못하는 메커니즘이 존재한다.

종교인들은 그것에 은총이라는 이름을 붙였다.

———

There is a force, the mechanics of which we do not

fully understand, that seems to operate routinely in

most people to protect and to foster their mental

and physical health even under the most adverse

conditions. The religious have applied to it the name

of grace.

만약 자신을 이해하려고 꾸준히 그리고 열심히 노력한다면,
지금은 거의 알아차리지 못한 당신 마음의 거대한 부분,
상상을 초월해 많은 것들을 품고 있는
무의식의 세계를 발견하게 될 것이다.

─────

*If you work long and hard enough to understand
yourself, you will come to discover that your
unconscious, a vast part of your mind of which you
now have little awareness, contains riches beyond
imagination.*

무의식이 꿈을 통해 전달해주는 메시지는 언제나

영적 성장을 북돋우려고 고안해낸 것처럼 보인다.

예컨대 개인적 위험에 대한 경고, 문제 해결책의 안내,

틀릴지도 모른다고 생각한 것이 사실은 옳다는 격려,

길을 잃은 것 같았을 때의 길잡이 같은 것들 말이다.

———

The messages our unconscious gives us through
dreams always seem to be designed to nurture our
spiritual growth—as warnings of personal pitfalls;
as guides to the solution of problems;
as encouragement that we are right when we think
we are probably wrong; and as direction-finders
when we feel lost.

무의식은 잠들어 있을 때는 물론이고 깨어 있을 때에도
대단히 우아하고 유익하게 우리와 의사소통한다.
이러한 '엉뚱한 생각들'은 대체로
우리 자신에 대한 극적 통찰력을 제공한다.

———

*The unconscious may communicate to us when we
are awake with as much elegance and beneficence
as when we are asleep. These "idle thoughts" usually
provide us with dramatic insight into ourselves.*

문제는 인간이 적개심과 성적 욕구를 지녔다는 그것이 아니라,
그러한 감정과 직면하고 그에 따르는 고통을 감내하는 것을
의식이 빈번히 외면하려고 하는 것,
그래서 그것을 숨기려 드는 바로 그것이다.

———

The problem is not that human beings have hostile
and sexual feelings, but rather that human beings
have a conscious mind that is so often unwilling
to face these feeling and tolerate the pain of deal-
ing with them, and that is so willing to sweep them
under the rug.

우리는 언제나 스스로의 믿음보다 좀 낫거나 못하다.
그러나 무의식은 우리가 정말 어떤 사람인지 안다.

———

We are almost always either less or more competent
than we believe ourselves to be.
The unconscious, however, know who we really are.

사실 무의식은 모든 면에서 우리보다 지혜롭다.

_The fact of the matter is that our unconscious is
wiser than we are about everything._

모든 지식과 지혜는 우리 내부에 갖춰져 있다.
우리가 '어떤 새로운 것'을 배운다는 것은
사실 줄곧 우리에게 존재한 그것을 발견해내는 것일 뿐이다.

All knowledge and all wisdom seem to be contained
in our minds, and when we learn "something new"
we are actually only discovering something that
existed in our self all along.

때때로 기적 같은 것은 없다고 믿는
그 마음 자체가 바로 기적이다.

_____

The mind, which sometimes presumes to believe that
there is no such thing as a miracle, is itself a miracle.

은총은 누구에게나 주어진다.

하지만 어떤 이는 이것을 이용하고 어떤 이는 그러지 못한다.

———

Grace is available to everyone,
but while some take advantage of it, others do not.

은총을 입은, 전혀 일어날 것 같지 않은 은혜로운 사건들이
주변에서는 늘 일어난다.
풍뎅이가 조심스레 창문을 두드린 사건처럼
매우 드라마틱하게, 우리 의식의 문을 조용히 두드린다.

Touched by grace, highly unlikely beneficial events
happen to us all the time, quietly, knocking on the
door of our awareness no more dramatically than
the beetle gently tapping on the windowpane.

은총이라는 현상을 우리의 관념 체계 안에 받아들이지 않은 채,
우주와 그 우주 안에 있는 인간의 자리를
완전히 이해하기를 바랄 순 없다고 생각한다.
그것은 위험해 보인다.

———

*I do not think we can hope to approach a full under-
standing of the cosmos, or of the place of man within
the cosmos, without incorporating the phenomenon
of grace into our conceptual framework.
To do so seems perilous.*

우리의 일생은

마지막 순간까지 무한한 영적 성장의 기회를 제공한다.

———

.

Our lifetime offers us unlimited opportunities for spiritual growth until the end.

우리가 우주에 대해 배운 대로라면
진화는 절대 일어날 수 없다.
진화 과정 중에 가장 주목할 만한 사실은
그것이 기적이라는 점이다.

———

Given what we understand of the universe,
evolution should not exist at all.
The most striking feature of the process is
that it is a miracle.

우리가 태어난 진창(자주 그러하듯이)을 뛰어넘게 해
보다 어려운 길을 선택하도록 부추기는 어떤 힘이 있다.
그 과정에 있는 모든 저항에도 불구하고,
우리는 정말 좀 더 나은 사람이 된다.

———

There is a force that somehow pushes us to choose
the more difficult path whereby we can transcend the
mire and muck into which we are so often born.
Despite all that resists the process, we do become
better human beings.

성숙한 사람들은 그 성숙의 열매를 즐길 뿐만 아니라
세계와 나눈다.

———

Those who achieve growth not only enjoy the fruits
of growth but give the same fruits to the world.

개체로서 진화했지만
우리는 등에 인류 전체를 지고 있는 셈이다.
그리하여 인류도 진화한다.

———

Evolving as individuals,
we carry humanity on our backs.
And so humanity evolves.

개인과 전 인류의 등을 떠밀어,
무기력이라는 본능적 저항을 이기고
성장하게 하는 이 힘은 무엇일까?
그것은 사랑이다.

———

What is this force that pushes us as individuals and
as a whole species to grow against the natural
resistance of our own lethargy? It is love.

우리 스스로를 승격시킬 수 있는 것은 사랑을 통해서다.
또한 다른 사람들을 드높일 수 있도록 돕는 것도
그들을 사랑함으로써 가능하다.

———

It is through love that we elevate ourselves.
And it is through our love for others
that we assist others to elevate themselves.

모든 생명체에 존재하는 진화의 힘은
인간의 사랑이라는 모습으로 인류 앞에 자신을 드러낸다.

_____

The evolutionary force, present in all of life,
manifests itself in mankind as human love.

좀 더 진지하게 생각하면,
사랑의 하느님이라는 일견 단순해 보이는 관념은
결코 안이한 철학이 아님을 알게 될 것이다.

———

*If we take it seriously, we are going to find that the
simple notion of a loving God does not make for an
easy philosophy.*

왜 하느님은 우리가 성장하기를 바라는가?
하느님이 우리에게 바라는 것은 무엇인가?

———

Why does God want us to grow?
What is it that God wants of us?

사랑을 베푸는 하느님이란 존재를 가정하고

그것을 진지하게 탐구하다 보면 결국은

한 가지 무서운 결론에 이른다.

하느님이 바라는 것은 우리가 하느님과 같아지는 것이라는.

―――――

All of us who postulate a loving God and really think about it eventually come to a single terrifying idea: God wants us to become Himself (or Herself of Itself).

하느님이 바로
진화시키는 힘의 원천이자 도착지인 것이다.

———

*It is God who is the source of the evolutionary force
and God who is the destination.*

신에 관한 관념 중에는 고귀한 자리에서 우리를 살뜰하게
보살피는 친절한 하느님이 계신다는 오래된 개념이 있다.
반면 우리에게 분명히 신의 지위, 신의 권능, 신의 지혜, 신의
정체성 등을 획득하라고 요구하는 하느님이라는 개념도 있다.

It is one thing to believe in a nice old God who will
take good care of us from a lofty position of power.
It is quite another to believe in a God who has it in
mind for us that we should attain His position, His
power, His wisdom, His identity.

인간이 신처럼 되는 것은 불가능하다고 생각해버리기만 하면,
의식 수준을 높이려고 애쓸 필요도, 사랑을 실천할 필요도 없다.
그냥 되는 대로 주어진 인간으로 지내면 되는 것이다.

———

As long as we can believe that godhood is an impossible attainment for ourselves, we don't have to push ourselves to higher levels of consciousness and loving activity; we can relax and just be human.

인간이 하느님이 될 수 있다고 믿는 순간,
우리는 정말 절대로 오랫동안 쉴 수 없다.
우리는 더욱더 지혜롭고, 더욱더 현명해지도록
끊임없이 스스로를 밀어붙여야 한다.

———

*As soon as we believe it is possible for man to
become God, we can really never rest for long.
We must constantly push ourselves to greater and
greater wisdom, greater and greater effectiveness.*

하느님이 자신처럼 성장하도록
인간을 적극적으로 양육한다는 사실은
우리로 하여금 자신의 게으름에 직면하게 한다.

———

The fact that God is actively nurturing us so that
we might grow up to be like Him brings us face to
face with our own laziness.

게으름을 극복할 수 있다면 영적 성장 과정에서 만나는
다른 모든 장애물을 뛰어넘을 수 있을 것이다.
그러나 그러지 못하면 다른 어떤 장애물도 뛰어넘을 수 없다.

*If we overcome laziness, all the other impediments to
spiritual growth will be overcome.
If we do not, none of the others will be hurdled.*

게으름은 사랑의 반대말이다.

Laziness is love's opposite.

어떤 제시된 행동 방침의 지혜를 논할 때,
사람들은 대개 하느님의 생각을 읽지 않는다.

In debating the wisdom of a proposed course of
action, human beings routinely fail to obtain God's
side of the issue.

'우리 안에 계신 하느님의 말씀'을 진지하게 듣게 되면,
우리는 이내 더 험난하고 더 수고로운
가시밭길에 내몰린 자신을 발견한다.
우리는 저마다 망설이면서
이런 고통스러운 걸음을 내딛기를
회피하고 싶어 할 것이다.

If we seriously listen to the "God within us,"
we usually find ourselves being urged to take the
more difficult path, the path of more effort rather
than less. Each and every one of us will hold back
and seek to avoid this painful step.

변화를 두려워하는 근저에는 게으름이 있다.
그것은 반드시 해야 할 일 앞에서의 두려움이다.

The basis of the fear of change is laziness;
it is the fear of the work we would have to do.

하느님께 묻는 것은 많은 일을 해야 함을 의미한다.
그러나 (아담과 이브에 대한) 이야기의 교훈은
반드시 그래야만 한다는 것이다.

------

*To question God may let us in for a lot of work.
But a moral of the story [of Adam and Eve] is that it
must be done.*

세상의 악에 대항하여 직접 싸움에 가담하는 것은
우리가 성장하는 방법 중 하나다.

_____

Our personal involvement in the fight against evil in the world is one of the ways we grow.

게으름의 자각은 영적 진보를 가늠하는 잣대다.

A mark of the spiritually advanced is
their awareness of their own laziness.

은총을 발견할 수 있는 가장 가까운 장소를 알고 싶다면,
그건 바로 당신의 내부다.

———

*If you want to know the closest place to look for
grace, it is within yourself.*

당신이 지닌 것보다 더 큰 지혜를 갈망한다면,
당신 안에서 찾을 수 있다.

_____

If you desire wisdom greater than your own,
you can find it inside you.

쉽게 말하자면 우리의 무의식이 바로 하느님이다.
우리 안에 계신 하느님.
줄곧 우리와 함께해오신 하느님은 지금도, 그리고 언제까지나
우리와 함께하실 것이다.

———

To put it plainly, our unconscious is God.
God within us. God has been with us all along,
is now, and always will be.

내게는 집단 무의식이 바로 하느님이다.

의식은 개인으로서의 인간이며,

개인의 무의식은 개인과 하느님이 만나는 지점이다.

그리고 영적 성장의 핵심은

의식을 지닌 채로 하느님의 상태에 이르는 것이다.

———

In my vision the collective unconscious is God;
the conscious is man as individual; and the personal
unconscious is the interface between them.
And the point of spiritual growth is to become God
while preserving consciousness.

우리가 병드는 것은
의식이 무의식의 지혜에 저항하기 때문이다.

———

*It is because our conscious self resists our unconscious
wisdom that we become ill.*

우리는 의식을 지닌 개인으로서
새로운 삶의 방식인 하느님이 되고자 태어난 것이다.

We are born that we might become,
as a conscious individual, a new life form of God.

대부분의 신비주의 철학과 신학의 목표는
자아가 없는 무의식 상태의 아기가 되는 것이 아니다.
그보다는 성숙하고 의식적인 자아로 성장하는 것,
그리하여 하느님의 자아 상태가 되는 것이다.

———

The goal of theology and that of most mystics is not
to become an egoless, unconscious babe.
Rather it is to develop a mature, conscious ego
which then can become the ego of God.

우리의 성숙한 자유 의지를 하느님의 의지와 일치시킬 수
있다면, 그러면 우리는 하느님의 은총의 한 형태가 될 것이고,
인류 안에서 그분을 위해 일하며, 사랑이 없었던 곳에 사랑을
심고, 인류의 진보 수준을 더 진척시킬 것이다.

———

If we can identify our mature free will with that of
God, we will then have become one form of the grace
of God, working on His behalf among mankind,
creating love where love did not exist before,
and pushing the plane of human evolution forward.

정치적 권력이란 타인을 강요하여
자신의 의지에 따르도록 하는 능력이다.
영적인 힘은 인식의 최대치에서 결정내릴 수 있는 능력이다.
그것은 의식이다.

―――

*Political power is the capacity to coerce others to do
one's will.*
*Spiritual power is the capacity to make decisions
with maximum awareness. It is consciousness.*

우리는 종종 가장 확신에 차 있을 때 오히려 가장 어둠 속에 있고,
가장 혼란스럽다고 생각될 때 오히려 가장 명료한 경우가 있다.

We are often most in the dark when we are the most
certain, and the most enlightened when we are the
most confused.

더 위대한 자각은 어둠 속에서 번쩍 불빛이 빛나는 것 같은
깨달음으로 오지 않는다.
그것은 천천히 조금씩 오며, 그 조금이라는 것도
자기 자신을 포함한 모든 사물을 관찰하고 탐구하는
각고의 노력 끝에 얻어진다.

———

Greater awareness does not come in a single blind-
ing flash of enlightenment. It comes slowly, piece
by piece, and each piece must be worked for by the
patient effort of study and observation of everything,
including ourselves.

진정 길고도 긴 영적 성장의 길을 따라가다 보면,

점차 자신이 하는 일이 실제로 어떤 일인지

알게 되는 지점에 이를 수 있게 된다.

우리는 힘을 갖게 되는 것이다.

———

If the path of spiritual growth is followed long and
earnestly enough, gradually we can come to the place
where we actually know what we are doing. We can
come to power.

영적으로 완전히 성숙한 사람은 인생의 전문가다.
자신이 하는 일을 진정으로 알 때
우리는 하느님의 전지전능하심에 동참하는 것이다.

Those who have grown the most spiritually are those
who are the experts in living.
For when we truly know what we are doing,
we are participating in the omniscience of God.

지식과 권능의 근원이 무엇인지를 물으면
진실로 힘 있는 사람은 예외 없이 이렇게 대답할 것이다.
"그것은 내 권능이 아닙니다. 내가 지닌 이 작은 권능은
보다 위대한 힘의 조그만 표현일 따름이지요······."
곧 그것은 모든 인류와 모든 생명체와 그리고 하느님의 힘이다.

———

Invariably when asked the source of their knowledge
and power, the truly powerful will reply:
"It is not my power. What little power I have is but a
minute expression of a far greater power··· " that is
all mankind's, all life's, God's.

하느님과 밀접하게 연결돼 있음을 자각함으로써,
진정으로 힘 있는 사람은 언제나 고요한 환희를 느끼고,
외로움이 사라지며 하느님과 교감하는,
자아의 망각 상태를 경험한다.

———

Aware of their intimate connectedness to God,
the truly powerful experience a loss of self
which brings with it always a kind of calm ecstasy,
a surcease of loneliness, a communication.

영적인 힘을 경험한다는 것은
분명 즐거운 것이기는 하나 한편으로는 끔찍한 일이다.
더 많이 알수록 행동을 취하기는 더 어려워지기 때문이다.

_____

*Joyful though it is, the experience of spiritual power
is also terrifying. For the greater one's awareness, the
more difficult it is to take action.*

우리 모두는 장군들과 같다.
어떤 행동을 취하더라도 그것은 문명의 진로에 영향을 미친다.

———

We are all generals.
Whatever action we take may influence the course of
civilization.

신성神性에 다가가면 갈수록, 더 많이 하느님께 공감하게 된다.

하느님의 전지전능과 함께한다는 것은

또한 그분의 고뇌를 함께 나눈다는 뜻이기도 하다.

———

The closer one comes to godhood,

the more one feels sympathy for God.

To participate in God's omniscience is

also to share His agony.

대통령과 왕들에게는 동지들이 있을 것이다.
그러나 영적인 힘이 최고 수준에 도달한 사람에게는
그와 대등한 깊이를 지닌 사람을 두기가 거의 불가능할 것이다.
다른 사람들이 충고를 해줄 수는 있다.
하지만 결정은 당신 혼자 내려야 한다.

———

Presidents and kings will have their cronies.
But the person who has evolved to the highest level
of spiritual power will likely have no one with whom
to share such depth of understanding.
Others may advise, but the decisions are yours alone.

영적 성장을 향한 여정에서 느끼는 고독은 커다란 짐이다.
그러나 의식이 성숙해지고 하느님을 알아가는 교감 속에는
우리를 지탱시켜주고도 남을 즐거움이 있다.

_The aloneness of the journey of spiritual growth is
a great burden. But in the communion of growing
consciousness, of knowing with God, there is enough
joy to sustain us._

사랑이란

영적 성장을 위해 자신을 확장하려는 의지다.

_____

Love is the will to extend oneself for spiritual growth.

사람들의 사랑할 수 있는 능력, 즉 성장하려는 의지는
삶 전체에 걸쳐 은총, 혹은 하느님의 사랑에 의해서 길러진다.

People's capacity to love, and hence their will to
grow, is nurtured throughout their lives by grace,
or God's love.

은총은 모든 사람에게 주어진다.
하느님의 사랑은 우리 모두를 감싸고 있으며
덜 귀한 사람이란 있을 수 없다.

Grace is available to everyone.
We are all cloaked in the love of God,
no one less nobly than another.

은총에의 부름은

보다 더한 책임과 권력이 있는 지위로의 승진이다.

The call to grace is a promotion,
a call to a position of higher responsibility and power.

은총을 인식하고 그것의 변함없는 존재를 개인적으로 경험하며
자신이 하느님 곁에 있음을 아는 것은,
지극히 소수만이 가질 수 있는 내면의 고요와 평화를
줄곧 경험하고 아는 것이다.

———

To be aware of grace, to personally experience its
constant presence, to know one's nearness to God,
is to know and continually experience and inner
tranquility and peace that few possess.

하느님과 가까이 있음을 경험한다는 것은
또한 하느님이 되는 의무를 느낀다는 것이며
그것은 봉사하는 삶을 살며, 필요하다면
어떤 희생이라도 감수하는 삶을 산다는 것을 의미한다.

───

To experience one's closeness to God is also to experience the obligation to be God, to live a life of service and whatever sacrifice seems required.

우리 대부분은 어른다움에 따르는 자유와 권력이 우리 것임을
믿으면서도 그에 따르는 책임과 자기 훈육은 별로 달가워하지
않는다.

———

*Most of us believe that the freedom and power of
adulthood is our due, but we have little taste for
adult responsibility and self-discipline.*

자신 외에는 탓할 사람이 없는
그런 권력의 지위에 오른다는 것은 두려운 일이다.
그 정상에 하느님이 함께 계시지 않는다면
우리는 고독 때문에 겁에 질려버릴 것이다.

———

To rise to a position of such power that we have no one to blame except ourselves is a fearful state of affairs. Were it not for God's presence with us in that exalted position, we would be terrified by our aloneness.

사람들은 대부분 평화는 원하되,
권능에 따르는 고독함은 싫고
어른의 자신감은 갖고 싶어하되,
성장해야 하는 부담은 싫어한다.

Most people want peace without the aloneness of power. And they want the self-confidence of adulthood without having to grow up.

우리는 돌연히 찾아오는 은총의 순간을
"아, 기쁘다!"는 사건으로 상상하기 쉽다.
내 경험에 의하면 그보다는
종종 "제기랄!"이라는 반응 쪽이 더 많다.

———

*We are accustomed to imagining the experience of
the sudden call to grace as an "Oh joy!" phenom-
enon. In my experience, more often than not it is an
"Oh, shit" phenomenon.*

소명에 귀 기울이기로 마침내 결심했을 때에야
비로소 "오, 주여, 감사합니다"라거나
"저는 자격이 없습니다"라거나
"제가 해야 합니까?"라고 말할 수 있다.

———

At the moment we finally listen to the call to grace
we may say, "Oh, thank you, Lord"; or we may say,
"O Lord, I am not worthy"; or we may say,
"O Lord, do I have to?"

우리가 은총에게 가는 것이 아니라,
은총이 우리에게 오는 것이다.

———

We do not come to grace; grace comes to us.

어떤 차원에서 은총의 부름에
응하느냐 아니냐는 우리가 선택하는 것이지만,
또 다른 차원에서 보면
그 선택을 하는 것은 하느님이라는 사실도 명백해 보인다.

———

While on one level we do choose whether or not
to heed the call of grace, on another it seems clear
that God is the one who does the choosing.

만약 자신을 완벽하게 훈육된,
완전한 사랑을 베푸는 사람으로 만들 수 있다면,
신학이라든가 신에 대한 사상에 무지하다 해도
은총을 받기에는 부족함이 없을 것이다.

_____

If we can make ourselves into totally disciplined,
wholly loving individuals, then, even though
we may be ignorant of theology and give no thought
to God, we will have prepared ourselves well for the
coming of grace.

스스로의 의지로 은총을 소유할 순 없다 해도
그것이 기적처럼 올 때 우리 의지로 자신을 열어놓을 수는 있다.

_____

While we cannot will ourselves to grace, we can by
will open ourselves to its miraculous coming.

구하되 또 구하지 않는다는 역설의 배합을 통해서,
우리는 우연한 깨달음이라는 선물과 은총의 축복을 받는다.

It is through the paradoxical mixture of seeking and
not seeking that we obtain the gift of serendipity and
the blessings of grace.

누구나 사랑받기를 원한다. 그러나 그러려면 먼저
사랑이 넘치는, 잘 훈육된 인간이 됨으로써
자신을 사랑스러운 사람으로 만들어야 한다.

———

Everyone wants to be loved.
But first we must make ourselves lovable
by becoming loving, disciplined human beings.

보상을 받겠다는 일차적 욕망 없이 자신과 타인을 잘 보살필 때,
우리는 사랑스러운 사람이 될 것이다.
또 굳이 구하려 하지 않았던,
사랑받는 존재라는 보답이 우리를 찾아올 것이다.

_____

When we nurture ourselves and others
without a primary concern of finding reward,
then we will have become lovable, and the reward of
being loved, which we have not sought, will find us.

August

은총이라는 선물을 알아차릴 수 있는 학습된 능력으로,
우리는 하느님의 보이지 않는 손과 상상할 수 없는 지혜가
우리 여행을 안내하고 있음을 발견할 것이다.
우리의 도움받지 못한 의식적 의지가 할 수 있는 것에 비하면
엄청난 정확성으로.

―――

*With the learned capacity to recognize the gifts of
grace, we will find that our journey is guided by
the invisible hand and unimaginable wisdom of God
with infinitely greater accuracy than that of which
our unaided conscious will is capable.*

예언자의 말이나 은총의 조력이 유용하긴 하겠지만
(인생이라는) 그 여정은 여전히 홀로 가야만 한다.

While the words of the prophets and the assistance
of grace are available, the journey must still be trav-
elled alone.

종교 의식은 단지 배움을 위한 보조수단이지
배움 자체는 아니다.
유기농 식품을 먹고, 아침 식사 전 성모송을 다섯 번 외고,
동쪽이나 서쪽을 향해 경배를 하고, 일요일에 교회엘 가는
일들이 당신을 목적지까지 데려다주지는 못한다.

———

Rituals are only learning aids, they are not the learning— eating organic food, saying five Hail Mary's before breakfast, praying facing east or west, or going to church on Sunday will not take you to your destination.

은총이 실재한다는 사실은 하느님의 실재뿐 아니라
하느님의 의지가 개개인의 영혼을 성장시키는 데
주력하고 있다는 사실을 명백하게 입증해준다.

―――

The existence of grace is evidence not only of the
reality of God but also of the reality that God's will
is devoted to the growth of the individual human
spirit.

August

은총으로 말미암아 우리는 휘청거리지 않을 수 있고,
은총으로 말미암아 우리는 하느님의 왕국에서
환영받고 있음을 안다.
더 이상 무엇을 바라겠는가?

———

Through grace we are helped not to stumble and
through grace we know that we are being welcomed
to the Kingdom of God. What more can we ask?

인류는 진화라는 도약을 하는 중이다.
"이 도약에 성공할지 실패할지는
전적으로 당신의 개인적 책임이다."

---

*The human race is in the midst of making an evo-
lutionary leap. "Whether or not we succeed in that
leap is your personal responsibility."*

단순히 사회적 동물로 사는 것으로는 충분하지 않다.
우리에게 본질적이고 중요한 핵심 과제는
우리 자신을 공동체적 피조물로 탈바꿈시키는 것이다.
그것이야말로 인간이 진화할 수 있는 유일한 길이다.

_____

*It is clearly no longer enough to be simply social
animals. Our essential, central, crucial task is
to transform ourselves into community creatures.
It is the only way that human evolution will be able
to proceed.*

인간의 다양성을 충분히 자각하라.
그러면 인간의 상호의존성을 인식하게 된다.

———

Be fully aware of human variety,
and you will recognize the interdependence of
humanity.

완전한 인간이 되기 위하여,

우리는 개인이 되어야 하는 소명을 받았다.

고유하고 독자적인 개인으로서의 소명을 받았다.

우리는 또한 힘도 가져야 한다.

In becoming fully human, we are called to be
individuals. We are called to be unique and different.
We are also called to power.

정확히 운명의 주인은 아니라 하더라도,

내가 탄 배의 선장은 될 수 있도록 최선의 노력을 기울여야 한다.

We must attempt, as best as we can, to be captains
of our own ships if not exactly masters of our destiny.

August

여성이라면 남성적인 면을 강화하고,
남성이라면 여성적인 면을 강화해야 한다.
성장하기 위해 우리는
그것을 방해하는 약점을 극복해 나가야 한다.

———

As women, we need to strengthen our masculine
sides; as men, our feminine sides. If we are to grow,
we must work of the weak spots that prevent growth.

우리는 우리 자체로는 절대 온전한 인간이 될 수 없다.

우리는 필연적으로 사회적인 피조물이다.

단순히 생존을 위해 혹은 옆에 누군가가 필요해서가 아니라,

어떻게든 삶의 의미를 찾기 위해서 서로가 절실하게 필요한.

———

We can never be completely whole in and of
ourselves. We are inevitably social creatures
who desperately need each other not merely for
sustenance, not merely for company,
but for any meaning to our lives whatsoever.

August

한 무리의 수사들이 그들의 죽어가는 교단을 살리는 방법을
청하자, 랍비는 대답했다.
"미안합니다. 제가 드릴 수 있는 답변은 당신들 가운데
구세주가 있다는 것뿐이에요."
랍비의 말을 되뇌면서, 나이 든 수사들은 서로를, 그리고 자신을
각별히 존중하기 시작했다. 혹시나 자기들 중에 누가
구세주가 될지 모를 일이었기 때문이다.

_____

*When a group of monks asked a rabbi for advice on
saving their dying order, he responded,
"I am sorry. The only thing I can tell you is that
the Messiah is one of you." Pondering this, the old
monks began to treat each other, and themselves,
with extraordinary respect on the off chance that one
among them might be the Messiah.*

각자의 개인적인 삶과 영향권 안에서
공동체의 기본원리를 배우지 않은 채
세계평화를 실현하는 유일한 길인 지구촌 공동체를 향해
얼마나 멀리 나아갈 수 있을지는 의심스럽다.

―――

I am dubious as to how far we can move toward global community — which is the only way to achieve international peace — until we learn the basic principles of community on our own individual lives and personal spheres of influence.

게임이 분명 당신을 망치고 있을 때
진지하게 규칙의 변경을 고려하는 것은
결코 비실용적인 일이 아니다.

———

*It is not impractical to consider seriously changing
the rules of the game when the game is clearly killing
you.*

인류의 생존을 위해서라면,

규칙을 변경하는 일은 이제 선택의 문제가 아니다.

———

If humankind is to survive,

the matter of changing the rules is not optional.

영적 치유란 온전해지거나 성스러워지는,
그리고 끊임없이 의식화되어가는 과정이다.

_____

*Spiritual healing is a process of becoming whole or
holy, of becoming increasingly conscious.*

핵 기술의 가장 놀라운 결과는
육체적 구원과 영적 구원을 더 이상 분리할 수 없는 지경으로
인류 전체를 몰아넣었다는 점일 것이다.

———

*Perhaps the most extraordinary result of nuclear
technology is that it has brought the human race as
a whole to the point at which physical and spiritual
salvation are no longer separable.*

자신의 동기에 무지하고 문화에 무관심한 상태로는
더 이상 위기를 모면할 수 없다.

It is no longer possible for us to save our skins
while remaining ignorant of our own motives and
unconscious of our own cultures.

영혼을 구하지 않고서는 위기를 모면할 수 없다.

영혼의 치유를 경험하지 않고서는

우리가 만들어놓은 세상의 혼란도 치유할 수 없다.

———

We cannot save our skins without saving our souls.

We cannot heal the mess we have made of the world

without undergoing some kind of spiritual healing.

어떤 신앙과 문화도 말살시키지 않고
모두 포용할 수 있는 공동체, 이런 공동체야말로
'이 시대의 가장 큰 문제의 핵심'을 치유할 수 있다.

———

Community, which includes all faiths and all cultures
without obliterating them, is the cure for
"the core of our greatest contemporary trouble."

'자유'와 '사랑'은 쉬운 단어다.

하지만 이것들을 행동으로 옮기는 것은 쉽지 않다.

———

"Freedom" and "love" are simple words.

They are not simple actions.

제대로 된 급진주의자는

사물의 뿌리에 다다르고자 하는 사람,

피상적인 것들에 현혹되지 않고

나무가 아니라 숲을 보고자 하는 사람이다.

생각이 깊은 사람이라면 누구나 급진주의자가 될 수 있다.

———

The proper radical is one who tries to get to the root
of things, not to be distracted by superficials, to see
the woods for the trees.
Anyone who thinks **deeply** will be one.

진정한 사랑은 끊임없이 아주 어려운 결단을 요구한다.

Genuine love consistently requires some very hard decisions.

완전히 치료가 되기까지는 꽤 오랜 시간이 걸렸다.
쉰 살이 된 지금도 나는 남에게 도움을 청하는 것,
약할 때 약해 보이는 것을 두려워하지 않는 것,
필요하다면 남에게 의존하고 도움 받는 것을 배우는 과정을
완성해가고 있다.

Full healing is a lengthy journey.
At fifty I am still completing the process of learning
how to ask for help, how not to be afraid to appear
weak when I am weak, how to allow myself to be
dependent and unself-reliant when appropriate.

우리의 적들 모두가 (어쩔 수 없이, 현실적으로 의존하고 있는,

스트레스 가득한 가족처럼) 친척과 같다.

그리고 우리는 모두 만물의 이치에 따라

서로에게 각자 맡은 역할을 하고 있다.

———

All our enemies are relatives [as in a stressful family
that we are necessarily and realistically dependent
upon] and all of us play roles for each other in the
order of things.

그저 행복을 구하라. 그러면 행복을 찾기 어려울 것이다.
행복에 연연해하지 않고 행복을 만들어내고 사랑하라.
그러면 대부분의 시간이 행복할 것이다.

———

Simply seek happiness, and you are not likely to find it. Seek to create and love without regard to your happiness, and you will likely be happy much of the time.

기쁨을 추구하는 행동 자체는 결코 기쁨을 가져다주지 않는다.

공동체를 만드는 작업에 참여하라.

그러면 기쁨을 얻을 것이다.

_____

Seeking joy in and of itself will not bring it to you.
Do the work of creating community, and you will
obtain it.

최강자에서 가장 약한 사람에 이르기까지
많은 사람들은 사실 장애를 가진 영웅이다.

———

Many of both the strongest and weakest of us are indeed crippled heroes.

누구에게나 있는 약점과 불완전, 결함, 부적응, 죄, 온전함과
자족성의 결여 등의 것들을 자유롭게 공유할 수 있을 때,
우리는 진정으로 우리 자신이 될 수 있다.

_We cannot be truly ourselves until we are able to
share freely the things we most have in common:
our weakness, our incompleteness, our imperfection,
our inadequacy, our sins, our lack of wholeness and
self-sufficiency._

전혀 다른 사람들이지만 서로를 사랑하는 집단을
재현할 수 있는 가능성을 깨닫고부터
나는 인간의 조건에 대해서 완전히 절망하지 않게 되었다.

———

Ever since knowing that a group of very different
people loving one another was potentially repeatable,
I have never been able to feel totally hopeless about
the human condition.

우리에게는 온전한 인간이 되기 위해 노력하면서
동시에 불완전성을 인식할 의무가 있다.
즉 힘을 가지면서도 약점을 인정하고,
개별적이면서도 상호의존적임을 받아들여야 한다.

———

We are called to wholeness and simultaneously
to recognize our incompleteness;
called to power and to acknowledge our weakness;
called to both individuation and interdependence.

결혼과 마찬가지로
공동체 생활에서도 상황이 순탄하지 않을 때는
그곳에 머물러 있어야 한다.

———

Community, like marriage, requires that
we hang in there when the going gets a little rough.

공동체에서는 사람들 간의 차이를 무시하거나 부정하거나
감추거나 변화시키는 대신, 선물로 받아들이고 축하한다.

In community, instead of being ignored, denied, hidden, or changed, human differences are celebrated as gifts.

September

어둠과 빛, 신성함과 속됨, 슬픔과 기쁨, 아름다움과 추함을
모두 통합하기 때문에 공동체가 내리는 결론은
개인, 부부 혹은 일반 집단의 것보다 훨씬 더 원만하다.

———

*Incorporating the dark and the light, the sacred and
the profane, the sorrow and the joy, the glory and
the mud, the conclusions of a community are more
well rounded than those of an individual, couple, or
ordinary group.*

서로의 재능을 인정하기 시작하면서
자신의 한계도 받아들이게 된다.

Begin to appreciate each other's gifts,
and you begin to appreciate your own limitations.

사람들이 상처를 함께 나누는 것을 목격하면서
자신의 부적합함과 결함도 수용할 수 있게 될 것이다.

Witness others share their brokenness,
and you will become able to accept
your own inadequacy and imperfection.

자기성찰은 통찰을 얻는 열쇠이며,
통찰은 지혜를 얻는 열쇠다.

———

Self-examination is the key to insight,
which is the key to wisdom.

공동체의 구성원들이 유약해지고
스스로 존중받고 인정받는다는 것을 알게 됨에 따라,
방어벽은 무너진다.
사랑과 수용이 넘쳐나고, 치유와 전환이 시작된다.

———

*As the members of a community become vulnerable
and find themselves being valued and appreciated,
the wall come tumbling down, the love and
acceptance escalates, and the healing and converting
begins.*

어느 누구도 당신을 치유하거나 변화시키려 하지 않기에,
고치려 들거나 바꾸려 하지 않기 때문에
공동체는 바로 안전한 곳이다.
대신, 공동체의 구성원들은 있는 그대로의 당신을 받아들인다.

―――

Community is a safe place precisely because
no one is attempting to heal or convert you, to fix
you, to change you. Instead, the members accept you
as you are.

안전하다고 느낄 때,
자신을 치유하고 변화시키려는 경향이 자연스럽게 드러난다.

_When we are safe, there is a natural tendency for us
to heal and convert ourselves._

평정의 가면을 벗고 그 이면의 고통과 용기, 상처,

심오한 존엄성을 보게 되면서,

우리는 진정으로 서로를 같은 인간으로서 존중하기 시작한다.

———

As the masks of our composure drop and we see
the suffering and courage and brokenness and deeper
dignity underneath, we truly start to respect each
other as fellow human beings.

September

사실, 모든 인간은 누구나 상처 입은 나약한 존재다.
모두가 상처를 안고 있으면서도
우리는 보통 상처를 감추어야 한다고 느끼니,
얼마나 이상한 일인가!

———

The reality is that every human beings is broken and vulnerable. How strange that we should ordinarily feel compelled to hide our wounds when we are all wounded!

우리의 상처에는 아픔이 있다.
하지만 훨씬 더 중요한 것은
아픔을 나눌 때 우리에게서 솟아나는 사랑이다.

There is pain in our wounds.
But even more important is the love that arises
among us when we share our woundedness.

September

정신은 다루기 힘들다.
물질적인 것과 달리 그 자체는
순순히 정의를 내리기도 포착하기도 힘들다.

———

Spirit is slippery.
It does not submit itself to definition, to capture,
the way material things do.

대부분의 사람들이 상처 입었다는 사실을

자신은 물론 타인에게도 여전히 감추려고 하지만,

우리 모두는 위기에 처해 있으며 도움이 필요하다.

―――

We are all in need, in crisis, although most of us sill

seek to hide the reality of our brokenness from

ourselves and one another.

위기危機라는 한자는 두 글자로 이루어져 있다.
'위'는 '위험'을, '기'는 '감추어진 기회'를 의미한다.

———

The Chinese word for crisis consists of two characters: one represents "danger" and the other "hidden opportunity."

위기가 없는 삶이 건강한 삶은 절대 아니다.

사실상 개인의 정신적 건강은

얼마나 일찍 위기에 직면할 수 있느냐로 구별된다.

The healthy life is hardly one marked by an absence
of crises. In fact, an individual's psychological health
is distinguished by how **early** he or she can meet
crisis.

삶에서 위기를 일부러 만들어낼 필요는 없다.
단지 위기가 존재한다는 것을 인정하기만 하면 된다.

We do not have to manufacture crises in our lives;
we have merely to recognize that they exist.

어쩌면 기적은 단지
우리 인간들이 일반적으로 지금 이해하지 못하는
법칙을 따르고 있는지 모른다.

———

Perhaps miracles simply obey laws that we humans
generally and currently do not understand.

싸우는 것이 분열되지 않은 척 가장하는 것보다 훨씬 낫다.

———

Fighting is far better than pretending you are not divided.

스스로에 대한 기대치를 비우고, 미리 정해놓은 틀에다
타인의 관계, 우리와 그들과의 관계를 끼워 맞추는 것을
그만둘 수 있어야만, 진정으로 경청하고, 듣고
혹은 경험할 수 있다.

―――

Until such time as we can empty ourselves of expec-
tations and stop trying to fit others and our relation-
ships with them into a preconceived mold we cannot
really listen, hear, or experience.

September

"뭔가 다른 계획을 세웠을 때 우연히 어떤 일이 벌어진 것,
그것이 삶이다."

———

"Life is what happens
when you've planned something else."

친구가 고통을 겪고 있을 때

우리가 할 수 있는 최선의 사랑은 그 고통을 나누는 것이다.

곁에 있는 것 말고는 아무것도 할 수 없을 때조차,

함께 있어주는 것이 고통일지라도 옆에 있어주는 것이 최선이다.

———

Often the most loving thing we can do when a friend is in pain is to **share** *the pain— to be there even when we have nothing to offer except our presence and even when being there is painful to ourselves.*

September

우리는 기꺼이 실패하고,

흔히 '삶은 해결해야 할 문제가 아니라

살아가야 할 신비'라는 진리를 인식해야 한다.

———

We must be willing to fail and to appreciate the
truth that often "Life is not a problem to be solved
but a mystery to be lived."

희생에 고통이 따르는 이유는 그것이 일종의 죽음,
부활을 위한 죽음이기 때문이다.

Sacrifice hurts because it is a kind of death,
the kind of death that is necessary for rebirth.

진정으로 들으려면 진실하게 자신을 비워야 하며
고통과 괴로움을 표현하는 데 대한 혐오감조차 버려야 한다.

———

*In order to truly listen we have to **truly** empty
ourselves, even of our distaste for expressions of pain
and suffering.*

우리는 삶의 밝은 면뿐만 아니라
어두운 부분까지도 끌어안아야 한다.

_____

We must embrace not only the light of life but also
life's darkness.

미지의 세계로 들어가는 것은 언제나 두려움을 불러일으킨다.
하지만 우리는 오직 모험을 통해서만 매우 새로운 것을 배운다.

_____

Going into the unknown is invariably frightening,
but we learn what is significantly new only through
adventures.

우리 혼자서는 치유하거나 변화할 수 없다.

그러나 사람들을 바로잡으려는 욕망을 스스로 비울 수 있다면,

치유와 변화는 저절로 시작된다.

─────

We cannot, by ourselves, heal or convert.

But if we can empty ourselves of our desires to fix

people, healing and converting will effortlessly begin.

사람들은 해야 할 일을 스스로 결정하기보다는
대개 지도자가 지시해주는 것에 더 의존한다.

*People would generally much rather depend upon a
leader to tell them what to do than determine that
for themselves.*

한마디도 하지 않는 구성원은
가장 말 많은 구성원만큼이나 집단에 큰 영향을 미친다.

Members who speak not a word may contribute
as much to a group as the most voluble.

내면의 변화를 겪은 사람들에겐
아무것도 변하지 않은 사회로 복귀하는 일이 고통스럽고
때로는 더할 수 없는 충격일 수 있다.

———

It is often painful— sometimes downright traumatic— for people who have effected a change within themselves to reenter a society where nothing has changed.

우리 인간은 진정한 공동체를 열망하며
공동체의 존속을 위해 열심히 노력한다.
바로 그것이야말로 가장 충만하고 활기차게 살 수 있는
길이기 때문이다.

We humans hunger for genuine community and
will work hard to maintain it precisely because it is
the way to live most fully, most vibrantly.

누구나 목사가 될 수 있다.

좋은 목사가 될지 나쁜 목사가 될지 선택하는 것만 남았을 뿐.

―――

Everyone's a potential minister.

Their only choice is whether to be a good minister or

a bad one.

체계가 없으면 혼란이 생긴다.

체계가 완전한 구조를 갖추고 있으면 마음을 비울 여지가 없다.

———

With no structure there is chaos.

With total structure there is no room for emptiness.

적절한 조건이 주어지면, 소집단의 사람들도
정말 일상적으로 평화롭게 사랑하며 살 수 있다.

———

Given the right conditions, it is indeed possible
for small groups of people to live together routinely
with love and in the spirit of peace.

October

더 큰 규모의 공동체를 향한 첫걸음은
우리가 모두 똑같지 않으며
결코 같아질 수 없다는 사실을 인정하는 데 있다.

―――

The first step toward community on a grander scale
*lies in the acceptance of the fact that we are **not**,*
nor can we ever be, all the same.

공동체는 함께 어울리는 곳, 그 안에서 사람들은
방어벽 뒤에 숨기보다 그 벽을 낮추는 것을 배우고,
서로의 차이점을 없애려 하는 대신 그것을 수용할 뿐 아니라
그를 통한 대단한 기쁨을 배운다.

———

*Community is a state of being together in which
people, instead of hiding behind their defenses, learn
to lower them, in which instead of attempting to
obliterate their differences, people learn not only to
accept them but rejoice in them.*

파충류처럼, 우리 인간은 땅에 바짝 붙어 살금살금 기어가서는
동물적 본성으로 인해 진창에 빠지기도 하고
문화적 편견에 흙투성이가 되기도 한다.
반면에, 또한 영적인 존재이기도 한 우리는,
새처럼 하늘 높이 날아오를 수도 있어
편협한 마음과 사악한 기질을 초월하기도 한다.
우리의 과제는 용과 같은 우리의 속성을 받아들이는 것이다.

———

Reptilelike, we humans slink close to the ground,
mired in the mud of our animal nature and
the muck of our cultural prejudices.
Yet, like birds, we are also of the spirit, capable of
soaring in the heavens, transcending our narrow-
mindedness and sinful proclivities.
Our task is to come to terms with our dragonhood.

우리는 더 이상 자의식을 버리고

세계(즉 에덴 동산)와 하나가 되는 식으로 돌아갈 수 없으며,

사막의 고통을 견디고 나아가

더 깊은 의식의 단계로 들어가야만 구원받을 수 있다.

———

We can no longer go back to that unself-conscious state of oneness with the world [i.e., the Garden of Eden] but can find our salvation only by going forward through the rigors of the desert into ever deeper levels of consciousness.

인간의 본성에 관한 주된 오해(환상)는
사람이 다 똑같다는 생각이다.

_____

*The primary false notion—the illusion—of human
nature is that people are the same.*

영적 여정의 역동성은

우리 모두가 공유하는 복합적인 특성 중 하나이며,

인간의 독특함과 유사성을 동시에 보여주는 또 다른 예다.

The dynamics of the spiritual journey are one of the
complex features we all have in common, and they
provide another example of the simultaneous
uniqueness and similarity of human beings.

남성과 여성의 영혼에 심오한 차이가 있음을
의심하는 사람은 아무도 없다.
하지만 성숙해가는 과정에서는 남성과 여성 모두
똑같은 정신적·영적 문제들을 해결하고
똑같은 장애물을 뛰어넘어야 한다.

No one can doubt the profound difference between
the spirit of maleness and the spirit of femaleness.
Yet both men and women must come to terms with
the very same psycho-spiritual issues and climb over
the same hurdles on their way to maturity.

변화할 수 있는 비범한 능력은

인간의 본성 중에 가장 본질적인 특성이다.

그것은 전쟁의 근본 원인인 동시에

전쟁을 방지하는 근본적인 치유책이기도 하다.

———

Our extraordinary capacity for transformation is
the most essential characteristic of human nature.
It is both the basic cause of war and the basic cure
for war.

October

심리적으로나 영적으로 가장 성숙한 사람이야말로
정신적으로 가장 젊은 사람이다.

----

*It is the most psychologically and spiritually mature
among us who are the least likely to grow old men-
tally.*

진정한 어른은

변화의 능력을 계속 발달시키고 발휘하는 사람들이다.

_____

True adults are those who have learned to continually develop and exercise their capacity for transformation.

우리가 성장할수록
낡은 것을 비워내고 새로운 것을 받아들이는 능력도 더 커져서,
그럼으로써 변화가 일어나게 된다.

––––––

The more we grow, the greater becomes our capacity
to empty ourselves of the old so that the new may
enter and we may thereby be transformed.

진리가 너희를 자유롭게 하리라.

그러나 처음에는 그것이 너희를 미쳐버리게 할 것이다.

_____

The truth will set you free—but first it will make you damn mad.

변화는 쉬운 일이 아니다.
하지만 분명 가능하고,
그런 가능성은 인간이 누릴 수 있는 축복이다.

_____

It is not easy for us to change.
But it is possible.
And it is our glory as human beings.

공동체의 핵심은 개인적이고 문화적인 차이를
수용하는(사실, 축복하는) 것이다.
그것은 또한 세계평화의 핵심이기도 하다.

———

The key to community is the acceptance—in fact, the
celebration—of our individual and cultural
differences. It is also the key to world peace.

결점이나 미성숙함 때문에 타인을 좋아하지 않을 수도 있다.

하지만 스스로 더 깊이 성장하면,

결점을 포함한 모든 면을 받아들이고

더 사랑할 수 있게 된다.

———

We may not like people because of their flaws or
immaturities, but the further we ourselves grow, the
more we become able to accept—to love—them, flaws
and all.

그리스도의 계명은
서로 좋아하라는 것이 아니라 서로 **사랑**하라는 것이다.

Christ's commandment is not to like one another;
*it is to **love** one another.*

신비주의자들은 엄청난 미지의 세계를 인정하지만
그것을 두려워하기보다는 더 이해하기 위해 더욱 깊이 파고든다.
이해하면 할수록 신비가 더욱 커지리라는 것을 알면서도 말이다.

———

Mystics acknowledge the enormity of the unknown,
but rather than being frightened by it,
they seek to penetrate ever deeper into it
that they may understand more—even with the real-
ization that the more they understand,
the greater the mystery will become.

훌륭한 교사나 치유자가 되는 좋은 방법은
환자나 학생보다 한 발짝만 앞서는 것이다.
한 발짝 앞서 있지 않으면 이들을 어디로도 인도할 수 없다.
하지만 두 발짝 앞서 있으면, 이들을 잃기 쉽다.

_____

*Much of the art of being a good teacher or healer
consists in staying just one step ahead of your
patients or pupils. If you are not ahead, it is unlikely
that you will be able to lead them anywhere. But if
you are two steps ahead, it is likely that you will lose
them.*

우리 힘만으로는 하느님께 이를 수 없다.

하느님에게 다다르려면 하느님의 연출에 따라야 한다.

We cannot get to God under our own steam.

We must allow God to do the directing.

우리의 영적 발전에 있어 의문을 품거나 의심하는 일은
도외시할 수도, 도외시해서도 안 된다.

*We neither can nor should skip over questioning or
doubt in our spiritual development.*

의문을 품는 과정을 통해서만
삶의 목표가 영혼의 성장임을 희미하게나마 자각하기 시작한다.

It is only through the process of questioning that
we begin to become even dimly aware that
the whole point of life is the development of souls.

일단 우리 모두가 영적 여정에 오른 순례자임을 인식하면,

처음으로 우리는 그 길에서 실제로

하느님과 의식적으로 협력하기 시작할 수 있다.

Once we become aware that we are on a journey
—that we are all pilgrims—for the first time
we can actually begin to cooperate consciously with
God in the process.

전체에 대한 사랑과 책임에서부터,
사실상 우리 모두는 배경과 한계를 초월할 수 있게 된다.

Out of love and commitment to the whole,
virtually all of us are capable of transcending
our backgrounds and limitations.

세계 공동체를 발전시키고

그리하여 무사히 위기를 극복하는 일은

무엇보다도 우리 인간이 자신을 얼마나 비워내느냐에 달려 있다.

———

The degree to which we can develop world community and thereby save our skins is going to depend primarily on the degree to which we human beings can learn to empty ourselves.

명상의 미덕은 빈 마음에 무엇이 들어오든
우리의 통제를 벗어난다는 것이다.
그리고 이 예견도 예측도 할 수 없는 것,
새로운 것을 통해서만 우리는 배운다.

――――

*The virtue of meditation is that whatever comes into
emptiness is beyond our control. And it is only from
the unforeseen, unexpected, and new that we learn.*

진정한 응시를 위해서는 생각을 멈춰야 한다.

우리가 정말 독창적으로 생각할 수 있기 전까지는.

_____

True contemplation requires that we stop thinking
before we are truly able to think with any originality.

사색적인 삶은 반성과 명상, 기도로 이루어진 풍요로운 삶이다.
그것은 최대의 자각을 위해 전념하는 삶의 방식이다.

———

The contemplative life style is one rich in
reflection, meditation, and prayer.
It is a life style dedicated to maximum awareness.

(한 개인의 경우처럼) 공동체가 살아남으려면,
무엇을 하건 반복해서 멈출 줄 알아야 한다.
그리고 일이 어떻게 진행되고 있는지,
공동체가 어디로 나아가야 하는지를 숙고해보고,
마음을 비워 그 해답에 귀 기울일 줄 알아야 한다.

———

*To survive, a community [like an individual] must repetitively stop whatever it is doing to ask **how** it is doing, to think about where it needs to go, and to be empty to hear the answers.*

마음비우기의 궁극적인 목표는
다른 사람들, 예측 불가한 사람들,
새로운 사람들, 더 좋은 사람들을 위해
마음에 여지를 두는 것이다.

———

The ultimate purpose of emptiness is to make room
for the different, the unexpected, the new, the better.

스스로 마음을 비우지 않으면

다른 사람을 우리 가슴과 마음에 들일 수 없다.

마음을 비워야만 상대의 말에 진심으로 귀 기울일 수 있다.

———

We cannot let another person into our hearts or
minds unless we empty ourselves. We can truly listen
to him or truly hear her only out of emptiness.

침묵이 없으면 음악도 없다.
오직 소음만 있을 뿐이다.

———

Without silence there is no music; there is only noise.

기존의 문화적·지적 이미지들과 기대를 스스로 비우지 않으면,
결코 타인을 이해할 수 없고 타인의 말에도 귀 기울일 수 없다.
사실상 공감조차 불가능해지는 것이다.

———

Unless we empty ourselves of preconceived cultural or
intellectual images and expectations, we not only
cannot understand the Other, we cannot even listen.
Indeed, we cannot even feel empathy.

November

우리의 사랑과 희생은
기꺼이 알려고 듣지 않을 때 가장 잘 나타난다.

———

Our love, our sacrifices, are made manifest,
more than in any other way through our willingness
not to know.

모호성을 받아들이고 역설적으로 사고하는 능력은
마음비우기의 특징이자 평화 구현의 필요조건이다.

———

*The capacity to accept ambiguity and to think
paradoxically is both one of the qualities of empti-
ness and one of the requirements for peacemaking.*

무언가를 포기하는 유일한 이유가
더 나은 것을 얻기 위해서라면,
이렇게 물어야 한다.
"평화를 얻기 위해 우리는 스스로 무엇을 비워야 하는가?

———

If the only reason to give up something is to gain
something better, then we must ask,
"Of what do we have to empty ourselves in order to
gain peace?"

개방성은 우리에게

유약함(상처 입을 수 있는 능력, 자발적인 의지)을 요구한다.

Openness requires of us vulnerability—the ability,
even the willingness, to be wounded.

우울과 절망, 두려움과 불안, 번뇌와 슬픔, 분노와 용서의 고뇌,
혼란과 의심, 비판과 거부 등의 정서적 소용돌이가 결여된 삶은
우리 자신은 물론이고 타인들에게도 의미가 없다.

———

A life lacking the emotional upheavals of depression and despair, fear and anxiety, grief and sadness, anger and the agony of forgiving, confusion and doubt, criticism and rejection, will not only be useless to ourselves, it will be useless to others.

상처를 기꺼이 감수하지 않으면 치유도 불가능하다.

We cannot heal without being willing to be hurt.

치유자인 예수가 가르쳐준 것이 있다면,
구원의 길은 유약함 속에 있다는 것이다.

———

If Jesus, the healer, taught us anything,
he taught us that the way to salvation lies through
vulnerability.

모두가 문제와 불완전함, 신경증, 죄, 실패를 안고 산다.
불완전함은 우리 인간이 모두 공유하는
몇 안 되는 특성 가운데 하나다.

We all have problems, imperfections, neuroses, sins,
failures. Our imperfections are among the few things
we human beings all have in common.

November

명백하게 불완전한 사람들 사이에서만 공동체를 발견할 수 있고,
명백하게 불완전한 국가들 사이에서만 평화를 발견할 수 있다.

_____

It is only among the overtly imperfect that we can
find community and only among the overtly imper-
fect nations of the world that we can find peace.

"우리가 서로에게 줄 수 있는 가장 위대한 선물은
우리 자신의 상처다."

———

*"The greatest gift we can give each other is our own
woundedness."*

November

위험을 감수하지 않는 유약함은 있을 수 없고,

유약함 없는 공동체도 존재할 수 없으며,

공동체가 없으면 평화도, 궁극적으로는 생명도 있을 수 없다.

———

There can be no vulnerability without risk;

and there can be no community without

vulnerability; and there can be no peace—ultimately

no life—without community.

통합성에는 반드시 고통이 뒤따른다.

Integrity is never painless.

통합성이 존재하는지 그렇지 않은지를 알아내고 싶으면
한 가지만 질문해보면 된다.
무엇이 빠졌는가?
무언가 누락된 것이 있는가?

If you wish to discern either the presence or absence
of integrity, you need to ask only one question.
What is missing? Has anything been left out?

통합적으로 생각하는 순간
우리 모두는 사실 관리인이라는 것,
모든 부분에서 관리인의 책임을 거부할 수 없음을
깨닫게 될 것이다.

_____

As soon as we think with integrity we will realize
that we are all properly stewards and that we cannot
deny our responsibility for stewardship of every part
of the whole.

정원의 꽃들은 '나의' 꽃이 아니다.
나는 꽃을 만들어낼 줄 모른다.
그저 관리하거나 키울 수 있을 뿐이다.

———

The flowers in the garden are not "my" flowers.
I do not know how to create a flower;
I can merely steward or nurture one.

근원적으로, 사실상 모든 진리는 역설적이다.

At the root of things, virtually all truth is paradoxical.

진정한 종교는 포괄성과 역설이 특징이다.
거짓된 종교는 편파성과 전체 통합의 실패로 감지될 수 있다.

Truth in religion is characterized by inclusivity and
paradox. Falsity in religion can be detected by
its one-sidedness and failure to integrate the whole.

역설적으로 하느님은

당신의 '조용하고 작은 목소리'로 우리 안에 존재하고 동시에

당신의 초월적이고 광대한 타자성으로 우리 밖에도 계신다.

기독교인으로서 나는 이것을 완전한 실재라고 말하련다.

_____

As a Christian, I can say the whole reality is that
God, paradoxically, resides both inside of us in Her
"still small voice" and simultaneously outside of us
in all His transcendent and magnificent Otherness.

구원은 은총과 선행이 역설적으로 결합되어 있을 때
주어지는 결과다.
그 결합은 어떤 수학 공식으로도 설명하기 어려울 만큼
충분히 불가사의하다.

―――――

*Salvation is the effect of both grace and good works
in a paradoxical mixture that is sufficiently mysteri-
ous to defy any mathematical formulation.*

모하메드가 말하길,

"신을 믿어라. 그러나 먼저 너의 낙타를 묶어라"고 했다.

———

Mohammed said:

"Trust in God, but tie your camel first."

생각은 어떤 형태든 용인해야 하는 반면,
행동 중에는 그러지 않아야 할 것도 있다.
결국 중요한 것은 행동이다.

_____

While all forms of thinking should be tolerated,
some forms of behavior should not be.
In the end it is behavior that counts.

종교적 믿음의 고백이 그 사람의 경제적·정치적·사회적 행동을
결정하는 데 의미가 없다면, 그 고백은 거짓이다.

_The profession of a religious belief is a lie if it does
not significantly determine one's economic, political,
and social behavior._

어떤 깊은 관계라도 혼란이 있기 마련이다.

사실 이런 혼란은 필요하기도 하다.

———

Any deep relationship will involve — indeed, require —
turmoil.

하느님은 워낙 위대해서 우리가 때때로 당신을 저주해도
대단히 신경을 쓰진 않으시리라 생각한다.
그러나 하느님을 진정 분노케 하는 것은
우리가 당신을 **이용할** 때다.

_____

*I suspect God is big enough not to be terribly
bothered if we damn Him now and then.
What really infuriates Him, however, is to be **used**.*

의사소통의 전반적인 목적은
인간 사이의 화해이며 화해여야 한다.

_____

The overall purpose of human communication is
— or should be — reconciliation.

우리를 갈라놓는 장애물이라는 명확한 실상에 초점을 맞춰
그것을 무너뜨리려면, 때로는 정면으로 마주한,
심지어 분노에 찬 의사소통도 필요하다.

---

*Confrontive, even angry communication is sometimes
necessary to bring into focus the clear reality of the
barriers that separate us before they can be knocked
down.*

의사소통의 참된 과업은
우리 사이에 사랑과 조화를 창조하는 것이다.
그것은 평화 만들기다.

———

The proper task of communication is
to create love and harmony among us.
It is peacemaking.

평화 만들기와 화해, 즉 공동체 건설은

전 지구적 차원의 문제일 뿐만 아니라

모든 기업과 교회, 이웃, 가족과 관련된 문제이기도 하다.

―――――

Peacemaking and reconciliation
— community-making — is not just a global matter;
it is a matter of concern within any business, any
church, any neighborhood, any family.

평화 만들기에 있어 가장 큰 장애물은 소극적인 태도다.

The major obstacle to peacemaking is passivity.

다그 함마르셸드는 이렇게 가르쳤다.

"우리 시대에는 반드시 행동이라는 세계를 통과해야만
거룩함에 도달할 수 있다."

———

Dag Hammarskjöld taught us:
"In our era, the road to holiness necessarily
passes through the world of action."

스스로를 구원하고 싶다면 인간성에 복종하는 법을 배워야 한다.

그것도 빨리.

그리고 그것을 과업으로 받아들이기 전까지는

진정으로 평화를 원한다고 할 수 없다.

단지 권력을 원하는 것일 뿐이다.

———

If we are to save ourselves we must learn to submit

to humanity— and quickly.

And until we accept that as our task,

we do not truly want peace— only power.

심리게임에서 게임을 끝내는 유일한 방법은
그만두는 것이다.

―――

The only way to stop playing psychological games is
to stop.

우리가 자신을 존중하기 위해서는
자존감과 그에 수반되는 자부심을 가져야 한다.

_In order for us to respect ourselves we must have
some dignity and the kind of pride that goes with
dignity._

December

지금 시대는

평화를 위해 커다란 위험을 무릅쓸 것을 요구한다.

Today the times demand of us that we take major risks for peace.

THE ROAD LESS TRAVELED

진정한 기독교인이 되려면 위험 속에서 살아갈 줄 알아야 한다.

To be a true Christian one must live dangerously.

우리 개개인, 즉 모든 영혼은
선과 악이 투쟁하는 전쟁터다.

———

*Each of us— every soul— is a battleground for
a struggle between good and evil.*

진정한 공동체의 한 가지 특성은

그것이 품위 있게 싸울 수 있는 하나의 몸체라는 것이다.

One of the characteristics of a true community is

that it is a body that can fight gracefully.

우리는 모두 성숙이라는 과제에 직면해 있다. 그리고 이 과제를
공동체에서보다 더 효과적으로 달성할 수 있는 곳은 없다.
공동체에서는 모든 구성원들이 지도력을 발휘하는 법을 배우며
권위자에게 의존하려는 각자의 성향과 싸우기 때문이다.

---

*We are all confronted with the task of achieving
maturity. And nowhere can this task be more
effectively accomplished than in community, there
all members learn to exercise leadership and combat
their own tendency to depend upon an authority
figure.*

THE
ROAD
LESS
TRAVELED

진정한 장기長期 공동체의 일원인 사람이
이런 말을 한 적이 있다.
"우리는 서로 너무 사랑해서 무슨 일이든 그냥 안 넘어가요."

———

As a member of a genuine long-term community once
saïd: "We love one another too much to let anyone
get away with anything."

평화 만들기는 궁극적으로 풀뿌리 차원에서 시작해야 한다.
그것은 당신과 함께 시작한다.

_Peacemaking ultimately must begin at a grass-roots
level. It begins with you._

THE ROAD LESS TRAVELED

존재가 행위보다 우선한다는 것을 명심하라.

Remember that being takes precedence over doing.

다만 공동체를 아름답게 가꾸는 일에만 집중해도,
당신이 다른 어떤 행동을 안 해도
그 아름다움은 광채를 발할 것이다.

———

*If you concentrate simply upon making your
community beautiful, its beauty will shine forth
without your having to do anything at all.*

진정한 공동체는 포괄적이다.

당신이 부유한 백인 민주당원이라면,

가난한 사람들과 흑인, 멕시코인 그리고

공화당원들에게서 가장 많이 배울 것이다.

온전해지는 데는 이들의 재능이 필요하다.

———

Genuine community is inclusive and if you are a
wealthy white Democrat, you have the most to learn
from the poor, the blacks and Chicanos, and the
Republicans. You need their gifts to be whole.

December

좋든 싫든, 우리 모두는
평화를 건설하는 사람이 되라는 소명을 받았다.

―――――

We are all called to be peacemakers, whether we like
it or not.

평화 만들기라는 전쟁에서 승리하는 데 필요한 전략의 핵심은
공동체이고, 무기는 오로지 사랑뿐이다.

_The keystone of the strategy required to win the war
of peacemaking is community, and the weapons can
be only those of love._

세상에 사랑을 전하는 것이야말로 우리가 해야 할 일이다.

———

Our task is to sell the world on love.

THE
ROAD
LESS
TRAVELED

THE ROAD LESS TRAVEL

옮긴이 | 최미양

숭실대학교 영어영문학과를 졸업하고 서강대학교 대학원 영어영문학과와 숭실대학교 대학원 영어영문학과(문학박사)를 졸업했다. 현재 숭실대학교 베어드학부대학 교수로 재직중이다.

저서로 《도리스 레싱의 〈황금빛 노트〉와 상호의존적 자아》(2006)가 있고, 《청지기 리더십》(2005), 《아직도 가야 할 길》(2011)을 번역했다.

옮긴이 | 박윤정

한림대학교 영어영문과와 동대학원을 졸업하고, 현재 전문 번역가로 활동하고 있다. 가장 자연적인 환경 속에서 영성과 예술을 통합시키는 삶을 꿈꾸며, 번역을 통해 세상과 소통하고 있다.

옮긴 책으로 《모던 마임과 포스트모던 마임》, 《그렇다고 생각하면 진짜 그렇게 된다》, 《사람은 왜 사랑 없이 살 수 없을까》, 《디오니소스》, 《병을 부르는 말 건강을 부르는 말》, 《달라이라마의 자비명상법》, 《틱낫한 스님이 읽어주는 법화경》, 《식물의 잃어버린 언어》, 《생활의 기술》, 《헨리 데이비드 소로우의 산책》, 《생각의 오류》, 《유모차를 사랑한 남자》, 《만약에 말이지》, 《스스로 행복한 사람》, 《영혼들의 기억》 등이 있고, 번역을 끝낸 《평화 만들기》가 곧 출간될 예정이다.

아직도
가야 할
길
그 길에서의 명상

초판 1쇄 발행일 2011년 12월 15일
초판 9쇄 발행일 2023년 5월 19일

지은이 ┃ M. 스캇 펙
옮긴이 ┃ 최미양·박윤정
펴낸이 ┃ 김현관
펴낸곳 ┃ 율리시즈

본문 및 표지 디자인 ┃ 투피피
캘리그라피 ┃ 이상현
책임편집 ┃ 김미성
종이 ┃ 세종페이퍼
인쇄 및 제본 ┃ 올인피앤비

주소 ┃ 서울시 양천구 목동중앙서로7길 16-12 102호
전화 ┃ 02-2655-0166~0167
팩스 ┃ 02-6499-0230
E-mail ┃ ulyssesbook@naver.com
ISBN 979-11-983008-1-2 03180

등록 2010년 8월 23일 제2010-000046호

마치 난폭한 미치광이를 대하듯 오랫동안 사람들을 대해보라.
그러면 분명 난폭한 미치광이가 되고도 남을 것이다.

———

*Treat people as if they are violent madmen long
enough, and sure enough, they will become violent
madmen.*